U0855707

用对方法带孩子，轻松做爸妈

0～6岁**家庭程序育儿法**

廖笙光 著

中国妇女出版社

图书在版编目（CIP）数据

用对方法带孩子，轻松做爸妈：0～6岁家庭程序育儿法 / 廖笙光著. -- 北京：中国妇女出版社, 2018.1
ISBN 978-7-5127-1529-5

Ⅰ. ①用… Ⅱ. ①廖… Ⅲ. ①儿童教育—家庭教育 Ⅳ. ①G782

中国版本图书馆CIP数据核字（2017）第248409号

著作权合同登记号　图字：01-2017-5257

用对方法带孩子，轻松做爸妈——0～6岁家庭程序育儿法

作　　者：廖笙光　著
责任编辑：陈　元
封面设计：尚世视觉
责任印制：王卫东
出版发行：中国妇女出版社
地　　址：北京市东城区史家胡同甲24号　　邮政编码：100010
电　　话：（010）65133160（发行部）　　65133161（邮购）
网　　址：www.womenbooks.cn
法律顾问：北京天达共和律师事务所
经　　销：各地新华书店
印　　刷：北京通州皇家印刷厂
开　　本：165×235　1/16
印　　张：14.25
字　　数：153千字
版　　次：2018年1月第1版
印　　次：2018年1月第1次
书　　号：ISBN 978-7-5127-1529-5
定　　价：39.80元

推荐序

用对方法带孩子，超轻松

黄谦瑄　台安医院小儿复健科医师

在这个忙碌又生育率下降的社会，孩子是父母的宝贝，父母对孩子的未来总是充满无限的希望，孩子的一举一动更是牵动爸妈的心和整个家庭的喜怒哀乐。

现在大多数的爸妈都要忙于工作，然而，工作环境的多元化，家庭成员之间的生活形态不同，不同照顾者之间态度不一致等，无疑都增加了照顾孩子的难度。身为家长的我们其实经常忙碌于工作之中，因此，如何在有限的时间里给予孩子质量良好的亲子沟通、如何才不会过度保护或过度要求孩子，是身为家长的重要课题。相信通过作者提供的专业建议，家长能更有原则与方向地协助孩子。

这些年在医院的门诊，注意到许多求诊的孩子是因为父母不了解孩子发展的历程，在陪伴孩子成长的过程提出不恰当的要求，除了造成孩子行为不当，亲子关系更是日趋紧张。什么才是正确的教养方向和态度是父母陪伴孩子成长的一个重要课题，用对方法带孩子可以很轻松，使用正确的态度对待孩子，更能避免孩子日后有信心不足、行为偏差等问题的困扰。相信所有的爸爸妈妈都愿意采用正确的方法教养孩子，但当自己碰到问题时，却苦恼不知如何做出正确的决定。

很高兴看到廖老师为家长写出这么实用的一本书来引导爸爸妈妈用正确的态度和方法来教养家里的宝贝。廖老师平常在工作上总是细心地评估每个孩子，认真倾听每个家长的困扰，用心辅导家长针对各个不同孩子的特性找出最适合的教养方法，这本书里的字字句句更是廖老师15年治疗经验的精华，书中除了罗列出家长经常询问的困扰，提供了实用性的小叮咛，他也不忘与家长分享每个问题发生的可能原因，用非医疗专业人员也能轻易了解的语言解释家长必须知道的与儿童发展相关的生理及心理知识，帮助父母了解不同年龄的孩子究竟想的是什么、需要的是什么、父母可以要求孩子的又是什么。让爸爸妈妈学会用对的方法和态度对待孩子，除了让教养变得更为轻松，孩子还可以变得更贴心，这种良性循环更是可以增进亲子之间的融洽关系。

每个孩子都是父母的宝贝，在教养孩子这条路上，父母总会有遇到疑惑、需要调整的时候，有时是父母双方想法不同，有时是父母与长辈的想法不同，但是这些不同想法其背后的共同点都是希望孩子能变得更好，希望通过廖老师这本书，能让更多父母与照顾者了解孩子的想法，了解如何引导我们的孩子，通过对这些问题的分析与解释，我想许多父母心中的疑惑应当可以迎刃而解，让每个父母享受教养孩子的喜悦与信心，也带领家里的宝贝顺利地走向美好的未来！

帮助家长将专业知识应用于教养中

潘璦琬　台湾大学职能治疗[1]学系副教授

我认识廖笙光老师有20年了。从他仍然在长庚职能治疗学系就读时，到毕业后担任临床工作，乃至笙光到国外一段时间后回国，返回儿童康复领域并开始创新的职能治疗工作领域，笙光一直持续让我知道他的进展以及近况。我看到他之前所出版的两本书籍，以及这次这本《用对方法带孩子，轻松做爸妈——0～6岁家庭程序育儿法》真是令人惊艳。

这本书涉及的主题是新手父母常见的困扰。从是否辞职当全职妈妈、如何戒纸尿裤、手足之争，到父母教养上是否坚持、赖床问题以及使用科技产品的困扰等。笙光通过职能治疗专业知识以及发展里程碑的概念，仔细解说适合不同年龄的教养方式，以及如何拿捏的艺术，其中包括儿童发展的动作、认知、社会心理、道德以及活动参与的概念，通过实际运用于

1　职能治疗：是指借着使用“有目的性的活动”来治疗或协助生理、心理、发展障碍或社会功能上有障碍的人，使他们能获得最大的生活独立性。

教养的实例，告诉父母可以采取的步骤与注意事项，相信对于新手父母会有很大的帮助。

笙光在儿童职能治疗领域的热忱与耕耘，从本书的撰写以及完成，还有他在儿童职能治疗的多年经验中都可以看到。相信通过这本书的介绍，读者可以了解如何将专业知识应用于教养中，培养出快乐、有能力以及健康的下一代。

自序

孩子谢谢你，让我变得更好

在宝贝女儿出生之前，我已经在医院从事儿童康复工作15年了，每天都在孩子堆中生活，应付一大堆的疑难杂症，也聆听许多家长的焦急与担忧。相对于绝大多数的新手父母，我算是非常有“经验”的育儿老手，毕竟已经陪伴了许许多多的孩子长大。

女儿的出生，让我第一次体验当爸爸的感动，以及身为父母为孩子感到担忧的天性，爸爸和专家是截然不同的角色。我永远记得，老大出生5周时，还是一个爱哭的小宝宝，由于专家的缘故，所以我立刻想要着手训练宝宝，希望她被抱起来的同时，应当要停止哭泣。其实，训练的方式很简单，就是当小宝贝不哭泣时，立即抱起她，如果半分钟后还在哭，就立即将她放回婴儿床上。

老大算是很听话，大约坚持半小时之后，她便很认命地只要一被抱起来，马上就忍住不哭闹，之后，也的确不哭了，这让我很得意；但是之后每次抱起小宝宝要逗她玩儿的时候，她却将脸撇到另一边不想看到我，那时的感觉真的是让人心碎。专家可以很有效地改变孩子，但是孩子可能会不喜欢你；让宝贝变得非常听话，但他却可能把你当成陌生人。嗯！这真的是最好的育儿方式吗？

我必须承认，当了爸爸后，很多想法改变了，变得更理解家的感受，也了解家的冲突。相信我们都是一样的，有了孩子以后，才开始学会妥协；有了孩子以后，才知道原来有些事不能强求，也不是讲道理就可以解决的。很多时候，孩子需要的不是什么大道理，而是需要长大的时间，我们需要做的，就是多一点儿耐心陪伴着孩子长大。专家不是在屏幕里，也不是在文章中，而是每一位用心的爸妈，有你们用心的陪伴，孩子才能快快乐乐地长大。

感谢我那两位美丽的小宝贝，她们就是我最好的“教科书”，陪伴两姐妹成长的过程，让我从中观察到更多细节，与她们之间每次的互动都是一次又一次的实验。我一直觉得，不仅仅是我在教孩子，她们也教会我很多事；亲子互动别无他法，就看你有没有用心倾听孩子的声音，其实他们一直想要告诉你好多好多的事情，通过实际的互动，就如同跳一支双人舞，要优雅地一退一进彼此配合，而不是单方面的不断往前移动。

孩子的世界绝对和大人的世界不一样，请弯下你的腰和孩子站在一样的高度，通过他们的眼睛来看世界，你将会发现孩子的世界其实是很美妙的。不要将自己对于生活的担忧强迫施加在孩子的身上而希望孩子加速长大，这样只会增加孩子与自己的负担而已，不要强迫自己当完美爸妈，带孩子应该是一种快乐，而不是一种负担，学会欣赏孩子的特质，你将会发现即便是双胞胎，也会拥有不一样的天赋。

孩子是上天给予我们的礼物，让我们的人生变得更完整。在引导孩子成长的过程中，我们也在不断思考与调整，帮孩子培养出良好的品格与智能。带着孩子成长的过程中，成长最多的往往不是孩子，而是身为父母的我们。

谢谢孩子们，因为有你们，让我们变得更好！

目录

PART 1

学习自主

辞职当全职妈妈好吗——建立良好的依恋关系 / 2

我要自己做——如何面对孩子的自主行为 / 7

妈妈，我要你陪——孩子的分离焦虑 / 12

孩子上幼儿园好吗——幼儿园的选择 / 18

长大了不要吃手——戒掉坏习惯 / 24

可以戒纸尿裤了吗——让孩子获得成就感 / 29

我不要，我不要——孩子的第一反抗期 / 35

脏脏的我不敢摸——孩子的触觉防御 / 41

妈妈，那是什么——孩子的好奇心 / 47

PART 2

手足关系

我不喜欢妹妹——老大的失落感 / 56

这个是我的——所有权的建立 / 64

妈妈比较爱妹妹——手足间的竞争 / 71

我也要吃奶嘴——孩子的退化行为 / 78

妹妹也没有收拾东西——孩子对公平性的坚持 / 85

妹妹一生气就咬人——孩子的攻击行为 / 91

我是姐姐，不是妹妹——孩子的自我概念 / 99

PART 3

培养社会化

爸妈下课记得来接我——孩子的时间概念 / 106

没有人跟我玩儿——儿童的人际困扰 / 113

同学打我，我可以打回去吗——谈自我保护 / 120

我不想上幼儿园——孩子的上学焦虑 / 126

我不想和他当朋友——孩子间的争执 / 133

同学都有，我也要——儿童的欲望 / 139

我才不要排队——团体中的冲突 / 146

妈妈陪我玩扮家家酒——假想游戏的意义 / 153

PART 4

稳定情绪

我不想打招呼——孩子的陌生人焦虑 / 162

孩子生气就大闹——孩子的情绪发展 / 168

我不会，妈妈帮我——过度依赖的孩子 / 176

我就是要穿这件——孩子的权利概念 / 182

大人可以打小孩吗——孩子的不服从与自我控制 / 189

孩子都叫不动——孩子的自主性 / 196

不好玩儿！我不玩儿了——孩子的挫折忍受力 / 202

我就是要说不好听的话——孩子的模仿与判断 / 208

PART1 学习自主

辞职当全职妈妈好吗

——建立良好的依恋关系

〔案例〕

稚嫩的婴儿总是全家人关注的焦点，圆圆的脸庞、小小的手脚、清澈有神的双眼，稚嫩柔软的肌肤，让人忍不住想亲亲抱抱，希望一直抱在怀里，舍不得放下。

小惠也是这样的一个小婴儿，妈妈想把全世界最好的都给她，无奈现实生活里存在经济压力，养育一个婴儿的花费惊人，妈妈的工作也处于发展期，加班是常有的事。究竟是否应将生活开销紧缩一点儿，请育婴假[1]专心地带孩子，还是找保姆或家人帮忙带孩子，下班后再亲自照顾孩子呢？

1　育婴假：在台湾地区，孩子3岁前，在公司任职满6个月的父母可以申请育婴留职停薪以便照顾孩子。

孩子为什么会这样

小婴儿之所以受到爸妈疼爱，除了很可爱以外，最重要的是因为他们是那么娇嫩，无法照顾自己，所以更让人放心不下。

建立婴儿与妈妈之间的“脐带”

如果从孩子人格发展的历程来看，孩子在最初的第一个时期（出生到一岁半），即信赖感的建立期，这时，很需要父母全心全意的照顾，以便让婴儿感受到父母的爱，并获得安全感。这样安心的感觉能让孩子与你之间的依恋关系变得更好，日后也会变得更加贴心。因此，在孩子2岁之前，若家庭经济条件允许，还是建议由父母自己带孩子最好，如此一来，孩子会和你变得更加亲密，通过照顾的过程，彼此还会培养出绝佳的默契，即使孩子有什么调皮的小动作，也难逃你的“法眼”。

不要让孩子太黏人

建立与孩子之间良好的信赖感，并非是要一直抱着婴儿，而是要适时地响应他的需求和呼喊。很多时候，孩子只需要你看看他、拍拍他，就会心满意足。请不要期望婴儿可以独立一点儿、不要太黏人，而刻意训练他；他之所以会变得很黏人，往往是因为缺乏安全感，希望父母一直陪伴在他身边。

等孩子长大一点儿再请育婴假

相对地，当孩子满2岁时，就已经进入了第二个时期（一岁半至三岁），即“自我概念”（Self-Concept）的建立期，这时孩子开始进入另一个阶段，需要你的坚持与引导，并且渐渐学习独立，而不再是单纯的以照顾为主。倘若这时才想要请假专心陪伴孩子，从儿童发展的角度而言，不建议父母这样做，因为大人容易有亏欠孩子的心态而过度顺从孩子，反而易引起其他问题。所以如果请育婴假只是早晚的问题，建议从婴儿时期就开始会比较好。

专家爸爸这样教

照顾孩子不是轻松的事，甚至可以说是世界上最辛苦的工作，因为一天工作24小时，随叫随到，不仅没有休假、没有加班费，连最基本的劳动保障都没有。所以，如果打算专心陪伴孩子，不妨先问问自己准备好应付这样的工作了吗？

第一阶段　衡量自己是否适合

亲自陪伴确实可以增进亲子关系，但是前提是要先照顾好自己，这样才能有耐心照顾孩子；因为婴儿的情绪是与妈妈相连的，当你开心的时候，他会感到开心；当你难过的时候，他也会感到难过。婴儿虽然像天使，但不会说话，也不会听话，哭起来往往像恶魔般让大人心烦意乱，所以你需要衡量自己是否适合照顾婴儿。只有你一直保持冷静、微笑，宝贝才能感到喜悦并在安全感中成长。

第二阶段　衡量实际收支

虽然育婴假是有补助的，但养育孩子的支出的确超乎我们的想象，光是奶粉、尿布就是十分可观的支出，加上婴儿床、婴儿车、玩具、衣服、营养补给品等。当然，父母都期望给孩子最好的生活，但是也必须衡量实际的经济情况，妥善规划家庭收支。目前，绝大多数的家庭都只生一至两个孩子，接手小哥哥或小姐姐的用品，不但可以节省一笔花费，而且更加环保。很多时候，你甚至会发现亲友送的“爱心牌”用品，是从来没有用过的全新用品呢！

第三阶段　寻求暂时的协助

全职妈妈并不是要你24小时不轮休，适时寻求协助可以让母爱的质量更好。建议不妨在休育婴假前就先安排能协助接手照顾孩子的家人、朋友，妥善规划一周一到两次的休息时间，让自己好好喘口气。很多时候，并不是孩子离不开妈妈，而是妈妈离不开孩子。请在宝贝9个月大之前，先找好照顾孩子的帮手；当然，亲戚通常是最好的选择，如果没有也不用担心，很多时候关系好的、喜爱孩子的朋友，也是很棒的选择。婴儿是最佳的社交润滑剂，通常一到社交场合，就会是大家关注、宠爱的焦点。但提醒家长，一定要在孩子9个月大前让他拥有外出认识陌生人的经验，以免9个月大后，出现陌生人焦虑，到时即使你想要请求支持，恐怕宝贝也不一定配合。

育儿小锦囊

我不能自己照顾小宝贝时……

放轻松，不论是否能自己带孩子，只要可以建立良好的依恋关系，也能带出贴心的孩子。假如你是职业女性，只要在下班及节假日时，营造高质量的亲子互动时间，孩子自然就能和你心连心。带孩子是一场积分赛，而不是一场淘汰赛，只要你做对的事情越多，就越容易达成目标。最重要的是规划好自己的时间，不要在这个过程中被劳累与压力打垮，减少因为情绪起伏而产生的不必要的冲突。适时寻求协助，甚至是外包部分的家务，就能让亲子拥有更充裕的相处时间并且使亲子关系更融洽。

我要自己做

——如何面对孩子的自主行为

〔案例〕

刚满2岁后，小惠开始越来越有自己的主见，很多事情都想自己做，自己吃饭、自己拿碗、自己搬椅子。但是，常常将餐桌弄得一团乱，不是打翻碗碟，将饭菜撒落满地，就是把自己全身弄得脏兮兮的；吃饭像打仗，搞得妈妈气得要命，常常火冒三丈生气地说："小惠你再不乖乖吃一直捣蛋，妈妈就要收起来了！"即使如此，小惠仍旧固执地坚持凡事要自己做，这让妈妈伤透了脑筋。

孩子为什么会这样

从孩子开始说"我要自己做"，就代表他预备从凡事依赖妈妈的小婴儿，转变成一个可以自己动手做的小大人了。同时这也是向妈妈宣告"我长大了”的信号。孩子通过模仿大人的过程，学习如何照顾自己，这并非是孩子变得调皮捣蛋，或是不听话，而是孩子长大的必经过程。

模仿是孩子学习的方式

模仿是上天赐给孩子最好的礼物，他们通过模仿的过程来认识世界，并从中学习到日后生活所需要的基本技能。不论是表情、语言、社交、自我照顾的发展，都离不开模仿；正因为喜欢模仿大人，可以和爸妈做一样的事情，而促使孩子乐于学习。如果孩子的模仿能力受到限制，反而可能导致其日后学习新事物的速度变慢。

孩子总是弄得一团乱

孩子毕竟是孩子，虽然想要模仿大人的动作，但因技巧尚未熟练，所以常常会弄得一团乱，让大人很头痛；很多时候，虽然孩子想要帮忙，但却越帮越忙，搞得妈妈还得收拾善后。但就像学游泳一样，即使孩子再厉害，也不可能没有练习就学会。这时不妨依孩子的能力来简化步骤，让孩子有充分的练习机会，但又不至于把环境搞得太乱，从而达到双赢的目标。例如：点心（棒状吐司、小饼干）可以让孩子自己练习吃，但是吃正餐时，则可先由妈妈喂完一定的分量再由孩子自己动手，循序渐进地达到自己用餐的目的。

不要过度呵护

不论是基于保护孩子的立场或碍于时间压力，也不要阻止孩子尝试及练习自己做的动作。2～3岁时，正是孩子开始学习独立自主的阶段，通过模仿的过程，学习和大人做一样的事情，这会让孩子获得成就感，也就是通过这样的过程让自信心逐渐萌芽，未来才有面对挑战的勇气。为了孩子好，就不要过度呵护、所有的事情都帮他做好，这样反而会剥夺他练习的机会。

专家爸爸这样教

2～3岁，是孩子最喜欢模仿大人、开始练习自立技巧的关键时期。妥善运用孩子的特质，引导孩子练习做家务，分担家庭工作，不仅是孩子日后独立的关键，更是孩子自信心发展的基石。当孩子坚持“我要自己做”时，大人不要觉得麻烦，因为现在的小麻烦，可以帮你培养出一个独立、自主的小帮手。

第一阶段　正确的期望值

孩子嘴巴说得很棒，但是手脚毕竟还不是很灵巧，因此请不要用成人的眼光来要求孩子做到百分之百，刚开始放手让孩子自己做时，标准要低一点儿，虽然结果妈妈可能得再重新做一次，但是将时间拉长一点儿来看，现在的练习能成就孩子未来的自信心。我想这样做绝对是值得的。

第二阶段　确保可以成功

虽然孩子不可能百分之百做到完美，但是我们可以将工作分割，如果部分工作是孩子可以做到的，就请孩子帮忙一起做。这时候，第一件事情就是先创造适当的环境，先将孩子可能会犯错而被责骂的部分收起来，避免孩子不小心做错被处罚。比如和孩子一起叠衣服，我们可以先将昂贵的外出服收起来，一来是太大件，孩子的手还太小，很难对折好；二来是妈妈的外出服上可能有一些美丽的装饰品，孩子可能会因为好奇而去拨弄，甚至是想要把它拔下来，结果不但没有帮到忙，反而可能弄坏衣服。

所以，可以先让孩子从自己的手帕、小内衣、小内裤开始练习，只要对折再对折，就可以完成了，这样既简单又可以确保成功率，让孩子觉得自己真的可以做到，那才是最重要的。因为我们是要让孩子在这个过程中学习和爸妈一起做事的乐趣，而不是处罚孩子。

第三阶段　放手让孩子自己做

陪着孩子一起做，让孩子练习分担家务，让孩子学习自我照顾，才是培养其独立的第一步。孩子学习的速度比我们想的还要快，慢慢增加孩子参与的步骤，孩子就能逐渐学会如何独立完成一件事。

在孩子3岁时，趁着孩子喜欢把“我要自己做”挂在嘴边，让孩子养成自己穿衣服、做家务的习惯。不然等到5岁，即使是你给孩子五元钱，请他帮忙洗碗，孩子还可能会反驳：“才5元，买不了什么东西。”到时，究竟是孩子很懒，还是我们在孩子小时候照顾得太多？答案不言而喻。

育儿小锦囊

当孩子不小心打翻饭菜时……

请记得提醒自己，即使是大人也会不小心打破碗，所以千万不要大声地尖叫，只需跟孩子说：“没关系！”

我们之所以让孩子自己尝试，就是为了要鼓励孩子独立，获得成就感与自信心，这才是我们最主要的目标。千万不要用“就跟你说要小心”“你看你都在玩儿”“你不要吃了，就饿肚子好了”等负面语句，这样不仅无法让孩子产生自信心，反而会让孩子不敢自己做，而会变得更有依赖性。

妈妈，我要你陪
——孩子的分离焦虑

〔案例〕

小惠平常都很乖巧，在家里也都是活蹦乱跳的，滔滔不绝地说话，就像一个小大人。但是，只要跨出家门，她就变成另外一个小孩，非常安静、很容易紧张。每逢聚餐更是一大挑战，她不仅黏着妈妈不放，就连妈妈要去上洗手间，都会让她急得掉下眼泪，好像妈妈会消失不见一样，非得一路黏着妈妈到卫生间里才心甘情愿。小惠这么黏人，该怎么办呢？

孩子为什么会这样

分离焦虑是一种正常发展历程，每个小宝贝都会经历，只是有的孩子出现得比较早，有的孩子出现得比较晚，但是无论如何都会发生。分离焦虑在小婴儿9个月大开始认人之后出现，之后会慢慢变得明显。随着孩子年龄的增长，环境探索范围的增加，分离焦虑逐渐降低，直到消失。

当孩子哭时，要不要抱他

婴儿最重要的沟通方式就是哭，通过哭来传达需求，饿了、累了、怕了、不舒服了等，都有不同的哭声，你需要和宝宝培养默契，才能了解哭声背后所代表的意义，并准确判断他的需求，长大后他才会有安全感而变得更坚强。提醒你，宝宝哭闹时不需要因为想训练他独立而不抱他，这样反而会让他更没安全感，结果往往哭闹得更严重。当孩子有分离焦虑时，适时的安慰是很重要的，但不是仅用语言安慰，而是直接给予拥抱，让孩子知道你永远都会适时出现，保护他的安全。

让孩子多认识一些人

孩子很怕生，所以应多让孩子参加社交活动以便训练胆量。这当然是很好的想法，但是地点、同伴是孩子熟悉的吗？孩子面对陌生人往往会感到紧张，我们要增加的不是更多的陌生人，而是要增加孩子的熟人，只有让孩子熟悉的人变得越来越多，才会让孩子变得大胆。如果每周一、周三、周五都出门，但每次都去不同的地方，碰见不一样的人，那么可能就不是在帮孩子培养安全感，而是在吓孩子了。

妈妈的口头禅：不可以

小小孩明明看起来天不怕地不怕，为什么又会那么胆小？很多时候，是由于我们过度担心与保护，无意间让我们的紧张影响到孩子的想法。回想一下，多少次当孩子在尝试新事物时，我们会不经意地提高音量说：“不可以，危险！”而让孩子渐渐地不敢贸然尝试，甚至避开“新的”事物。那么，孩子又如何能学会勇敢呢？勇敢不是教导出来的，而是通过不断的尝试才能体会和拥有的。

“人间蒸发”的妈妈

和你分离的时候，孩子一定会舍不得，也一定会哭。但是，千万不要因为怕孩子哭，而偷偷摸摸地离开。记得和孩子说声：“拜拜！”请不要做一个突然“人间蒸发”的妈妈，那只会让孩子更疯狂地想要找你，而加深孩子的分离焦虑。假设你和先生一起出国度假，你才转身将行李放好，先生就不见了，钱包、护照、钥匙都还在，人到底跑到哪里去了，你应该也会很紧张地四处寻找吧！相反地，如果先生事先告诉你：“我出去一下！”那么你一定会感到安心很多。既然我们也会有如此感受，所以请不要这样对待孩子，不然他会一直紧紧地盯着你，生怕下一秒你就会突然消失。

专家爸爸这样教

当孩子2岁以后，渐渐地就无法被“关”在家里，每天都会期待出去玩儿，这时正是让孩子学习自己探索环境的高峰期；当他觉得自己很厉害时，就是练习摆脱分离焦虑的最好时机。这时最需要准备的不是孩子，而是爸妈的心态，孩子比我们想象中的勇敢，不要因为自己的焦虑与担心而频频暗示孩子，环境是不安全的，而却又期望孩子可以勇敢地面对环境的挑战。

第一阶段　爸妈都会在这里

孩子都是黏人的，因为有你在身边他才会感觉到安全，但随着他活动能力、好奇心的增加，渐渐地开始探索外在的环境，并开始在安全距离与好奇心之间“拔河”。一方面是期望你在身边，另一方面又想去看看这神奇的环境，即使是去玩儿也会不停地回头查看，你是否跟上了他。这时，爸妈要做的并非亦步亦趋地跟着孩子跑，而是应找一个座位坐定，和孩子约定爸妈会在这里等他，鼓励他自己去探索、游玩儿，如果有任何问题就回来找爸妈。

通过这样的练习过程，孩子会渐渐地延伸与你之间的安全距离，也让孩子知道你永远都会在旁边保护他。然而，必须注意，应选择一个适合的地点再开始练习，相对于人山人海的百货公司、游乐区，家里附近人不多的小公园，反而是比较适合的练习场所。最重要的是，在练习的过程中，请不要离开你承诺孩子的“等待区”，不然安全感就会像断了线的风筝，反而让孩子更不敢去探索。

第二阶段　增加孩子的熟人

现在绝大多数的家庭，都只有一至两个孩子，加上爸妈全家人都算进去，最多也只有四个人；认识的人比较少，当人多时自然会感到不安，因此，多带着孩子拜访亲友，让孩子认识更多的熟人，就变成一项重要的工作。如果孩子比较胆小，记得不要约在别人家里，或是新奇的餐厅里，那样成功的机会很低；相反地，约在孩子已经熟悉的地点比较容易让他感到安心与舒服，这样孩子才能心有余力去认识其他的人。

孩子记得熟人的方式很特别，当他睡着醒来后，如果还会碰到那个人，那么他认为就是应该要记住的人。不然，每天出去散步路上人来人往，碰到一大堆的人，难道都得记住？所以，有时不妨请亲友帮一点儿小忙，多停留一会儿，让午睡后的孩子能有机会记住他，这样才能让孩子有更多的熟人，胆子也才会渐渐地变大。

第三阶段　跟着长辈出去玩儿

当孩子有想要去玩儿的地方，又有已经非常熟悉的亲友，特别是家里的长辈（爷爷奶奶及外公外婆）时，不妨着手安排让长辈帮忙带孩子出去玩儿。这不只是好玩儿而已，更重要的是可以让孩子练习离开爸妈的身边一段时间。建议开始时选择走路就可以到的地方，可以到附近的公园或便利店，那样即便是失败了，也可以很快地回到家。重要的是，要让孩子有良好的成功经验，而不是时间的长短。

当孩子已经可以成功短暂和爸妈分离，就可以让他练习出去玩儿半天，再准时地去接他。请记得，孩子虽然不会看时间，但是生物钟却非常准确，所以请不要迟到，不然好不容易建立好的安全感又得重新练习一段时间才能恢复。

育儿小锦囊

当你要离开时，孩子大哭大闹……

请记得提醒自己，这是因为孩子舍不得你，而不是在和你作对。所以跟孩子说：“要勇敢哦！拜拜！”句子越短越好。请不要试图说服孩子了解，因为即使他了解，他还是不愿意；逗留得越久，他的情绪起伏就越大，最后反而更容易失控。

千万不要因为孩子哭泣而责备孩子，请记得孩子会觉得难过是正常的。重点不是在我们离开的时候孩子有没有哭，而是当我们回来时，孩子会不会开心地拥抱我们。

孩子上幼儿园好吗

——幼儿园的选择

〔案例〕

小惠每次经过幼儿园，看到许多小朋友都显得很开心，很好奇他们在幼儿园里面做什么，常常吵着要去看小朋友，要拉也拉不走。在公园玩儿时，只要看到其他小朋友，也会尝试靠近去看人家玩儿，但是却常常处在想找人玩儿又不知如何加入的状况。通常都要过了5分钟以后，才会开始“解冻”。开始玩儿之后，又能很快地玩儿在一起，等到要离开时，爸妈总要花费好一番工夫她才愿意离开。小惠开始有喜欢和其他孩子互动的动机，想要和其他小朋友一起玩儿，爸妈在想到底该不该提早让小惠上幼儿园呢？

孩子为什么会这样

孩子一岁半之后，会渐渐地想要探索环境，对世界充满好奇。在这个时期里，增加环境探索是一个很好的契机，可以通过学习新奇事物来拓展孩子对世界的了解。相对而言，如果让孩子一直待在家里，反而是限制他天马行空的想象力及学习力，不论是上幼儿园或到户外走走，都可以增加孩子与他人互动的经验，对孩子身心的发展都非常有帮助。

小小背包客出发

这个时期，孩子对于映入眼帘的事物都很有兴趣，无论看到什么都会充满好奇，眼睛也会闪烁着光芒。建筑物上的吊车、马路旁的消防栓，甚至是下雨过后的小小水坑，都是他探索的目标。因此，当孩子已经探索完家里的点点滴滴后，就会开始将他的目光转移到外面，开始他“伟大”的旅程。

有正确的期待

幼儿园教什么？当然重点不是学习知识，毕竟孩子还小，所以不需要过度在意有没有教数学、英语等。在这个阶段最重要的反而是养成规律的生活规范，让孩子学习生活自理能力，如自己吃饭、坐着等待、定时上卫生间等，在照顾好自己的过程中，逐渐培养独立生活的能力。

当独立的小大人

孩子因为自我概念尚未成熟，所以特别会跟爸妈耍赖皮，因为他认为爸妈和自己的想法是一致的，因此，当另一个不知道他想法的人试图给予他选择，甚至是给予一个不同于孩子想法的决定时，他反而比较能接受选择与决定，而不会出现耍赖皮的情况。所以很多时候，帮孩子找一个值得信任的好老师，由老师来帮忙调整他既有的习惯会是一个不错的方式。因为这样可以避免孩子出现耍赖皮的行为，也比较容易改变习惯，而让孩子渐渐变得独立。

看着同学一起做

借用同伴的力量，让孩子喜爱尝试、变得更勇敢。很多时候，爸妈花了很多力气鼓励孩子尝试，都不如让孩子和其他小朋友一起玩儿来得有效。在游戏中，孩子会自然而然地模仿、学习，无形中也会变得勇于尝试，自然就会更出色。

专家爸爸这样教

从儿童发展的角度来说，在九个月到一岁半时，正是分离焦虑的高峰时期，光是要离开妈妈的身边都有困难，因此不建议送去上幼儿园。然而，在两岁半左右进入第一反抗期，孩子对于所有的事情都会抗拒，要说服他去上幼儿园往往也会比较困难。因此，当孩子满3岁时，会是一个比较适合的年龄。

帮孩子选择第一家幼儿园，对爸妈也是一个挑战，建议爸妈要有正确的期待，上幼儿园不是期待孩子可以学英语、背唐诗、拼积木，而是建立良好的生活自理习惯，这是生活的基础技能，基础越稳固，孩子学习的步伐越稳健。

请记得，我们需要帮孩子找的不是安排满满课程的托管班，而是可以给予孩子安全感与信赖感的幼儿园。

第一阶段　调整生活习惯

当决定要让孩子上幼儿园后，首要任务就是调整孩子的生活习惯，特别是在作息时间上，需要符合幼儿园的作息时间，不然到时候在适应上容易出现冲突。在幼儿园的团体生活中，时刻表是相当固定的，例如，8点上幼儿园、11点半吃饭、1点睡午觉、4点半回家。因此，先调整好孩子的起床时间，让孩子可以在7点起床，养成固定午睡的习惯。不然，每天光早上起床，就搞得一肚子气，又如何会乖乖地去上幼儿园呢？

第二阶段　以离家近的幼儿园为主

虽然孩子充满好奇心，会频频想往外探索环境，但孩子毕竟是孩子，探索的范围有限。因此，选择离家近走得到的幼儿园比较适合，因为这样的距离能让孩子有安全感；需要搭校车才能到达的幼儿园，反而容易让孩子感到焦虑与恐惧。此外，爸妈有空也可以先带孩子去幼儿园逛一逛，甚至去和同学玩儿一至两次，让孩子熟悉幼儿园的环境以及如何往返，通过这样的过程，不仅可以让孩子对于幼儿园生活有基本的概念，在初期衔接也会比较顺利。

第三阶段　老师流动率低

不论幼儿园的硬件再好，最重要的还是老师，因为桌椅不能给孩子安全感，但是老师可以。因此，当在挑选幼儿园时，品牌再大、名声再响，都不如实际到幼儿园和老师亲自谈一谈来得实际。老师的流动率，可以当作是挑选幼儿园的一个重要参考，老师对于幼儿园的认同越高，变动就越少，自然可以给孩子更多的安全感。幼儿园应该是孩子的“第二个家”，一个安全感的延伸，拓展出另外一个熟悉的地方，让孩子可以安全地去探索更多更远的地方。

育儿小锦囊

孩子不睡午觉时……

当孩子不愿意睡午觉时，请不要强迫孩子一定得睡，应通过安排活动的方式来引导孩子调整作息。孩子不觉得疲惫、有好玩儿的东西在身边，或是担心妈妈会离开，都是孩子不愿意睡午觉的原因。妈妈可以轻柔地承诺孩子：“你睡着了，妈妈都会在旁边陪你的！”

放慢自己的步调，不要因为急着做家务而急迫地催促孩子午睡。孩子起床时找不到妈妈，往往是他不愿意睡午觉的主要原因，生怕眼睛一闭起来，妈妈就会不见了。所以，让自己先好好地休息、先睡着，孩子很快也就会跟着睡着了。

长大了不要吃手
——戒掉坏习惯

〔案例〕

小瑜的胆子比较小，加上有一个大嗓门的姐姐，所以很容易不小心被吓到。因为有一个姐姐可以模仿，所以小瑜不论是说话、动作都很灵巧，学得也很快。但是，就是有一个小小的坏习惯，很喜欢吃手，特别是想睡觉的时候，总是要把自己的大拇指当作奶嘴塞在嘴巴里面才能安心地入睡。只是，当姐姐开始上幼儿园后，难免还是会被传染感冒，小瑜总是把手放在嘴巴里，这让爸妈很担心她会感染细菌。究竟是否应该让小瑜戒掉这个吃手的习惯呢？

孩子为什么会这样

从出生到2岁大的孩子，属于发展上的口欲期[1]，因此只要手拿到东

1　口欲期：指婴幼儿处于一种完全不自立的状态，依赖母亲或其他养育者生活。

西，第一件事就是放进嘴里仔细地品尝一番。这并非是孩子在捣蛋，也不是不爱干净，而是一种探索与认识自己的过程。此外，在2岁之前，孩子尚无法分辨东西是否可以吃，所以这时千万要注意将小物品，如弹珠、硬币、棋子等收好，以免孩子误食。

用嘴巴来认识自己

当我们要买东西给孩子喝，将手伸进口袋拿零钱，不需要用眼睛看，也可以准确地拿出十元，这正是因为我们有良好的触觉区辨。只是在婴儿身上，触觉区辨最好的地方并不是手指，而是他小小的嘴巴。因此，婴儿会将自己的小手、小脚放进嘴里去探索，通过吃自己的手指来认识自己的手；他往往是一根一根地吃，直到探索完每一根手指，通过这样的过程，婴儿可以了解自己的手是什么形状的，也从中发展出最基本的手指分节动作。随着动作能力的增加，婴儿会渐渐意识到，在遥远的身体那端也有可以玩儿的东西，接着就会将目标转移到自己的小脚趾上。等到认识完自己后，又会开始将好奇心转移到身边的玩具上。正因为如此，在婴儿时期并不建议父母阻止宝贝吃手、咬玩具，而是为他提供干净而安全的环境，让他可以快乐地探索。

从吮吸获得安全感

不论是吃奶嘴或吃手指，孩子都可以通过吮吸的动作，从脸颊与手指获得适当的本体感[1]刺激，以获得如同爸妈拥抱的感受。当孩子想睡觉、紧张时，就会去寻找这些感觉刺激，来让自己得到安慰。这是孩子找到让自己变勇敢的方式，以便在你无法拥抱他时，也能感到安心的一种技巧。因此，并不建议父母使用责备、打骂的方式来禁止孩子，否则易导致孩子产生焦虑或哭闹情绪。

手指上涂辣椒酱可行吗

如何帮孩子戒吃手指？老一辈的偏方常是涂辣椒酱，但往往没有多大的功效。此外，孩子有时会揉眼睛，结果没戒掉吃手指的习惯，反而可能会伤到眼睛，无形中给孩子带来了痛苦，增加了照顾孩子的难度。

多洗手、多剪指甲

基本上孩子在2岁以前会吃手指，都是正常的生理与心理发展历程，不用过度担心。重要的不是孩子会不会吃手指，而是会不会不小心将细菌吃下肚而生病。因此，确保孩子双手的干净、定期修剪指甲、用餐前洗手，养成好习惯，才是最重要的。当好习惯养成后，再适时地鼓励孩子克服吃手指的习惯会比较好。

1　本体感：指人对自己身体的感觉，它不是天生具备的，需要后天的训练。

专家爸爸这样教

当孩子2岁大度过口腔期后，就可以开始练习不要吃手指了。但是由于吃手指往往与焦虑相关，当孩子觉得紧张时，就会依赖吃手指的方式来安慰自己。所以，在孩子准备开始戒吃手指时，生活不可以有太大的变化，例如，搬家、上学、生病、分房睡觉等都会造成压力影响效果。请记得一个新习惯的养成通常需要两到三周时间，所以爸妈应挑选适宜的时间进行。

第一阶段　引导感觉需求

喜欢吃手指的孩子，往往是通过吮吸或咬的方式从口腔处获得本体感的刺激，所以我们可以通过其他的方式来给予孩子相似的感觉经验，如吸吸管、吹气等，来让他获得满足。此外，给予孩子需要咀嚼的小点心，也可以让他从中获得感觉刺激并获得满足，进而降低孩子对于吃手的需求。

第二阶段　让手指保持忙碌

接着，就进入正式戒吃手指的阶段。这时必须注意，需要分成白天和晚上两个阶段来训练。白天，只要孩子表现出想吃手指时，就拿出贴纸、画笔、黏土等物品进行需要手指参与的游戏，来转移孩子的注意力，如果他想要玩儿，手指自然也就没空放在嘴巴里了。请记得，要在白天已经没有吃手指的动作后，才可以开始戒除晚上吃手指睡觉的习惯，这时孩子比较容易被说服。

第三阶段　帮孩子美化手指

当孩子3岁以后，开始会玩假扮游戏时，就可以开始利用讲故事来进行引导。这时，妈妈可以用漂亮的小贴纸等装饰孩子的手指或指甲，提醒孩子不可以将手指放在嘴巴里，否则手指就会不漂亮了。这招对喜欢漂亮的小女生十分有用。需要注意的是，妈妈一定要选用对孩子无害的贴纸等装饰品，这样既能保证孩子的健康，又能帮助孩子克服坏习惯。

育儿小锦囊

人多时孩子就会不停吃手指……

这可能是因为紧张才会出现的举动。这时候，请提醒自己，不可以骂孩子，而是要转移孩子的注意力，可以说："你看看，妈妈帮你准备了一本贴纸书哦，我们一起玩贴纸吧！"让孩子的手忙碌于操作贴纸、劳作，来转移孩子的紧张感，这样会比你向他说明为什么不可以吃手指更有效。请记得，你越是提醒越容易让孩子感到紧张，反而会让他更想吃手指。

可以戒纸尿裤了吗

——让孩子获得成就感

〔案例〕

2岁大的小惠，正是喜欢跑跑跳跳的年龄。明明每次纸尿裤已经变成了一大包，跑跑跳跳一会儿裤子就会被纸尿裤拉下来成了“低腰裤”。但问她有没有尿，要不要换纸尿裤时，她就会坚持：“没有尿。”小惠已经可以自己穿衣服、穿鞋子，但就是不愿意自己坐在马桶上尿尿。妈妈不但买了放在马桶上的小坐垫，也给小惠念了与上卫生间相关的绘本，但小惠依然只喜欢尿在纸尿裤上。部分同龄的孩子都已经戒掉纸尿裤了，到底该不该帮小惠戒掉纸尿裤呢？

孩子为什么会这样

戒纸尿裤需要时间与耐心，建议在孩子可以清楚表达上卫生间，即

"我要尿尿"后，再开始练习。婴儿尿尿属于反射动作，只要膀胱满了自然就会尿出来。一直到孩子3岁左右，大脑皮质控制尿尿的中枢神经才会成熟，再加上膀胱容积也变大，才能在父母要求的时间、地点上卫生间。因此，千万不要操之过急，建议在两岁半至三岁时，就可以循序渐进地开始帮孩子练习，通常小女孩因为语言发展得比较快，所以会比较快学会，至于小男孩，爸妈就要有更多的耐心了。戒纸尿裤并不是一项比赛，不会因为孩子比较早戒纸尿裤就会比较聪明，不要给彼此太大的压力。

妈妈一直说大便很脏，真的很脏吗

可以控制自己大小便，对孩子而言，应该是一件非常值得骄傲的事情。因为这代表孩子第一次可以真正控制自己的身体，作为自己身体的主人。因此，当我们在训练孩子上卫生间时，千万要注意不要将尿尿、大便、马桶这些事情与肮脏、恶心、讨厌等负面的词语联系起来，否则会让孩子因为焦虑而出现抗拒，自然也会给练习大小便造成困难。

卫生间很脏，有垃圾桶，我不要上

小孩的抵抗力比较低，相对比较容易生病，常导致家长过于重视环境整洁，常不经意地灌输给小孩"卫生间是肮脏的""马桶和垃圾桶不可以摸，摸了会生病，肚子会很痛"等话语。这无形之中也让孩子对于上卫生间这件事感到焦虑，甚至出现害怕的情绪。此外，许多孩子不愿意坐在马桶上面，是因为垃圾桶就在马桶旁边，看到就觉得很可怕，甚至担心坐在那里会生病。

不小心尿裤子怎么办

小孩括约肌的控制能力尚未成熟，因此虽然已经可以控制，但偶尔还是会有失误的时候，这时请多点儿耐心，不要数落孩子的不是，更不要将失败跟难为情或肮脏联系在一起，不然可能会导致孩子出现憋尿、便秘的情况，反而导致更多的后续问题。

我会掉到马桶里吗

掉落的感觉是一种非常强烈的感受，2岁的小孩因为平衡能力尚不完善，双脚悬空的姿势会引发他的不安全感。所以，会抗拒自己坐在马桶上而不断地要求下来，因为他非常害怕会掉到马桶里，甚至担心会像便便一样被水冲走。这时，帮孩子安装稳固的幼儿马桶坐垫，并且放置一个放脚的小凳子，让孩子可以“脚踏实地”而感到安全。

专家爸爸这样教

当孩子会说“我要尿尿了”就是准备好的信号。然而成功的关键不仅仅是孩子，更重要的是爸妈准备好了吗？当孩子没穿纸尿裤，尿在地板上时，你的反应会是什么呢？是责备，还是鼓励？你的反应才是决定孩子是否愿意戒纸尿裤的关键。如果脱掉纸尿裤，每次上卫生间都会被骂，会让孩子对于上卫生间感到焦虑。当在练习戒纸尿裤时，最重要的就是要让孩子有成功的经验。

第一阶段　白天不用穿纸尿裤

跟着孩子一起布置与整理卫生间，或是准备一个孩子觉得干净而安全的小马桶，让孩子觉得很安心。将所有可能会有危险的清洁用品、电器用品收起来，以免孩子因为好奇去拿时而被父母责备。当一切准备就绪，就可以开始戒纸尿裤练习了。让孩子穿上容易穿脱的衣物，当然也可以让孩子暂时不穿裤子，让孩子喝一定量的水，在喝完水后，每隔一小段时间带孩子去坐一次小马桶。练习的第一天往往是最辛苦的，但是只要孩子成功了一次，你就会发现孩子突然之间就学会了。他很快地就会自己去上卫生间，希望得到你的赞美。

养成平时固定的时间喝水，并且在固定的时间大小便，是最有效的练习方式。如果持续练习三天，孩子还是没办法成功，也不用太担心，过两周再练习一次。

第二阶段　在马桶上大便

当孩子已经可以在白天不用穿纸尿裤，也养成固定的小便习惯后，就可以开始练习在马桶上大便。基本上，孩子每天大便的时间是固定的，因此抓准孩子的生理时间，让孩子在那时练习坐在小马桶上面，看看故事书或听故事，第一次通常需要一小段时间才会成功。

虽然在冲水马桶上加上一个小孩子用的马桶坐垫比较轻松也容易清洁，但是从生理结构而言，在坐姿上孩子不太容易用力，所以比较不容易上出来，爸妈需要花费比较多的时间陪伴。如果可以，在最初练习大便时，建议使用有把手的幼儿训练坐便器，利用类似蹲着的姿势，孩子会比较容易用力。

千万要记得，即使孩子已经会在马桶上大小便，但难免还是会不小心拉在裤子上，请不要过度地责备，因为孩子还处在练习的过程中，需要更多的时间才能熟练。

第三阶段 晚上不用穿纸尿裤

孩子在晚上沉沉地进入梦乡时，全身的肌肉也放松了，控制自己尿尿的能力也就会降低，容易出现尿床的情况。建议不妨先让孩子晚上穿着纸尿裤睡觉，等到孩子再大一些时，生理更加稳定成熟后，再铺上隔尿垫，练习戒掉晚上穿纸尿裤的习惯。

小小孩的膀胱储存量比较小，所以往往需要上很多次的卫生间，随着年龄的增长，孩子的尿量会渐渐地增加，孩子的膀胱储存量也会增加，所以尿尿的频率就会减少。有时，白天不喜欢喝水的孩子，反而更容易尿床，所以要鼓励孩子白天多喝水，以增加膀胱的弹性，让孩子在睡觉时有更大的“储存量”而不会尿出来。

此外，孩子常常会自己玩起分段尿尿的“游戏”，不要认为孩子在捣蛋，这是孩子自己在训练其括约肌的力量与控制能力。就是这些看起来不起眼的小事，才是孩子学会不用穿纸尿裤的关键。

育儿小锦囊

孩子不小心尿裤子时……

请记得提醒自己，这是一个再正常不过的状况，因为孩子正在学习如何控制自己，只是暂时没有成功而已。所以跟孩子说："很棒哦！你不用纸尿裤就可以尿尿了，但是下次要尿在小马桶里哦！"

请先鼓励孩子，再引导孩子做出正确的方式，先让孩子克服不用尿在纸尿裤上，再让孩子学会尿在小马桶里。千万不要用"你就是小小婴儿""难为情"这类的语句，否则会让孩子变得更依赖纸尿裤。

我不要，我不要

——孩子的第一反抗期

〔案例〕

小瑜一直都是很听话的小孩，相对于姐姐而言，几乎是个安静的孩子。妈妈说要他做什么，他就会乖乖地配合。但随着年龄越来越大，语言能力越来越强开始，小瑜也渐渐不愿意配合妈妈的指令了，不论问他什么，他一律都是回答“不要”。洗澡，不要；吃饭，不要；吃面，不要……反正就是一股脑儿地唱反调，就像跳针一样反复地说“不要……不要……”。面对这种情况，不只是妈妈快要发脾气了，就连最疼小瑜的外婆也快受不了了，小瑜究竟为什么开始变成这样了，到底发生了什么事？

孩子为什么会这样

这并非是孩子学坏了，也不是爸妈的教育出了问题，而是孩子开始长大变聪明了，从凡事依赖别人的婴儿转变为有独立人格的小小孩的过渡阶段。从儿童认知发展的观点来看，2～3岁的幼儿无法了解自己的欲望与妈妈的欲望之间的差别，因此会出现唱反调的情形。通过故意选择和妈妈相反的决定，从中确定自己是独立的个体，称为“第一反抗期”，在这个时期，爸妈要运用一些小技巧，才能陪孩子度过这个属于小小孩的叛逆期。

妈妈变心了吗

几个月前，宝宝还是一个娇嫩的婴儿，无论想要什么，妈妈都会尽可能地满足他。饿了，妈妈会喂他吃奶；尿了，妈妈会为他换纸尿裤；累了，妈妈会哄他睡觉。在宝宝的世界里，他的欲望和妈妈的欲望总是如此一致，像恋人般的契合。然而，当孩子到2岁左右，随着其动作发展与探索环境的增多，他突然发现妈妈开始变了，变得不配合他的想法，开始要他不可以做这个，不可以做那个，这时他才开始察觉到自己的欲望与妈妈的欲望似乎有所差异，所以就开始进行他伟大的小实验：“妈妈和我想的一样吗？”

不是小霸王，是小科学家

这时候的小小孩，不是小霸王，而是小科学家，他正在进行一项严肃的科学实验，了解妈妈的欲望与自己的欲望是否一致，在这个过程中总是充满惊喜与痛苦。当他有欲望时会强烈表达，并观察妈妈是否同意，通过反复不断的实验来了解自己与妈妈之间的差异。但有时他也会感到失望，为自己的意愿总是受到忽略而感到挫折不已；通过多次的实验，他会逐渐了解在不同情境下自己与妈妈决定上的差异，进而发展出良好的自我概念，这正是孩子走向独立人格特质的关键。

不要搞乱孩子的实验

小小孩对于世界充满好奇，对于所有的新事物都想要尝试，但还不能分辨哪些是有危险的。当他学会玩形状盒、拼图、投硬币等游戏时就会努力地移动小手尝试将不同的形状放进正确的位置里，这时，他可能对于同样是将物品放入小洞中的插座产生兴趣，当你一再告诫：“不可以玩插座，不然要打你哦！”他就会故意一边叫“妈妈，你看”，一边握着插头来吸引你的注意，你一旦说“不可以”时，他就会故意将插头拔下来，而且会挑战数次，直到他确定每次结果都一致才会感到满意而停止他的实验。这时，须确认所有大人的处理态度都一致，不然孩子只好不停地实验下去，最后不只是大人生气，连小孩子也被搞得有了坏情绪。

没有反抗期好不好

反抗期是孩子发展自我概念的过程，即了解自己和妈妈有不同想法、喜好、决定的时期，是每个孩子都必须经历的阶段。绝大多数的孩子都会在2岁左右开始展现出来，只是大部分是想说的多，但能说清楚的却很少，所以大人也很难听懂宝贝到底想要什么，但也因为想表达自己的意见，便会诱发孩子更努力地表达，而使其语言能力日趋成熟。相反地，如果大人凡事都顺着孩子、不坚持，孩子当然也不会出现反抗的情况，但易使孩子日后变得倔强、执拗，导致日后同辈交往时的人际困扰，毕竟同学不是爸妈，不会顺着孩子，不是吗？

专家爸爸这样教

当孩子开始说“不要”时，是孩子正式进入自我概念发展的象征，所以我们应该感到高兴——孩子变聪明了，而且开始有自己的想法。只是中间刚好出现了一个副作用，孩子开始不会百分之百地配合我们的指示，并开始出现唱反调的情况。这段时期大约在2～3岁，爸妈要秉持温和而坚定的教养态度，陪孩子一起度过。

第一阶段　愿意配合为优先目标

这个时期的孩子常常会将“不要”挂在嘴边，就像口头禅一样，所以听听就好了；请不要和孩子闹脾气或是坚持不让孩子说“不要”，像两头牛一样僵持在那里。

很多时候，你会发现孩子嘴巴上说“不要”，但实际上还是会配合去做；这时候请停止你的责备，只要孩子愿意配合做就可以了。因为我们的目标是让孩子听话、愿意配合，而不是不能表达意见，不是吗？当孩子知道这样会得到赞美后，他就会渐渐地减少说“不要”的频率了。

第二阶段　减少孩子说“不要”的频率

改变我们说话的习惯，请不要问孩子：“要不要吃苹果？”“那吃梨子好吗？”孩子一定会说：“不要。”因为拒绝次数越多，妈妈给的选择就越多，不是吗？最后，再有耐心的妈妈也会被惹到有了坏情绪。

正确的做法是，给予孩子二择一的选择，例如说：“你要吃苹果，还是梨？”尽量将想让孩子选择的放在后面，因为孩子往往会选择后者。这样不仅可以降低孩子说“不要”的频率，同时也尊重了孩子选择的权利。教养孩子，很多时候只需要换句话说，效果会远比你耐心解释或是生气威胁好很多。

第三阶段　温和而坚定地坚持

爸妈要做的就是要有一致性的坚持，才能缩短幼儿的叛逆期。千万不要演变为一个坚持，另一个妥协，否则会导致孩子不断地尝试其他的新招术来测试父母的底线，让父母头痛不已。坚定而温和地坚持，将决定权拉回到大人身上，可以减少孩子耍赖皮的频率。

当孩子耍赖皮时，你需要做的是给予简短的指令，而不是不厌其烦地讲道理。因为孩子虽然已经会说话了，但常常还是半猜半懂，过长的说明反而可能会让孩子抓错重点而更加哭闹。

尽量不要用打骂或威胁的方式，因为很多时候我们只是说说，但根本舍不得那样做，结果反而让孩子把你说的话当作耳边风，变得更加不听话。给予孩子温和而肯定的指令，并且坚决执行，才是缩短反抗期的关键。

育儿小锦囊

孩子躺在地板上哭闹时……

这几乎是两岁半的“小赖皮”都会做的事情，特别是当他想要某样物品，但是爸妈却不愿意给他的时候。因此，不用太担心孩子的情绪是否有问题，或是故意不给爸妈面子。

请直接抱孩子离开，不要和孩子坚持，更不要大声骂孩子，以免衍生出其他问题。实际上问题不是孩子乖不乖，而是我们大人感到丢脸，所以如果需要和孩子说明，也请等到看不到他想要的物品之后，而不是在充满诱惑的环境里说理，不然孩子一定一句话也听不进去。

基本上，处理这个问题应该是以预防为主。例如，在要进入商店之前，就先和孩子说好规则与约定，如果他没有遵守约定就立刻离开，以预防孩子发生躺在地板上耍赖的情况。如果没有事先和孩子约定好，那就先向孩子妥协一次吧！因为那是我们自己没先讲清楚，而不是孩子的错。

脏脏的我不敢摸
——孩子的触觉防御

〔案例〕

小惠很喜欢画图，但是每次画完，都会闹脾气。只要手指沾到一点点颜料，就一定要马上去洗手，不让她去洗她就闹别扭。她很喜欢用胶带，但是讨厌用胶水，总是吵着要妈妈给她裁胶带。在家里还好，反正家里很干净，所以大致上都没有问题，但是到了外面，麻烦就大了：在餐厅用餐，嫌地板脏不肯脱鞋，说食物有点儿黑不愿意吃，手沾到一点儿食物就非要去洗，搞得妈妈都快要发火了。斤斤计较的小惠为什么就不能像妹妹一样，不要乱闹脾气呢？好不容易出去吃一顿大餐，都搞得妈妈很忙碌，没办法好好享受美食。

孩子为什么会这样

触觉防御指的是对于触觉刺激有过度强烈的反应，会将无害的触觉认为是有害的，因此影响到孩子情绪的稳定度。当人们面临威胁时，往往就会引发攻击或逃跑反应，所以孩子常常会出现生气或哭闹的反应。基本上，触觉功能中的保护反应在孩子2岁左右，就会随着每日生活中触觉经验的增加而渐渐地降低达到稳定状态。

生活中的触觉经验

人并非生活在一个光滑世界里，不论是花、草、树木触感各异，水、沙、土也有不同的质感。但是，随着生活质量的改善，孩子的生活中来自大自然的触觉经验相对缺少，所有生活中接触到的物品几乎都是光滑的，所以孩子可以获得的触觉经验与我们过去的成长环境相比是相对贫乏的，这样就使孩子触觉敏感的机会变高了。

就是要穿最好的

父母都希望给孩子最好的，在帮孩子挑选衣服时，都会选择舒适的纯棉材质，洗涤剂也是挑天然没荧光剂的，就是怕宝宝细嫩的皮肤会受伤。买了新衣服，也都会先洗好、剪掉标签，才会让心爱的宝贝穿。然而，由于衣服的材质、样式单一化，孩子的触觉经验也会受到限制，所以孩子对于不同触感、材质的物品，接受度也就变得较低，当接触到他不熟悉触感的物品时，就会出现紧张的感觉，就如同我们将手放到恐怖箱里面，即便里面是很熟悉的物品，但还是会感到紧张。不妨多给孩子一些完全的不同材质或样式的衣服，从日常生活中增加孩子的经验吧！

不要乱摸东西

孩子生病是爸妈最担心的事情，因此我们常在无意间将“很脏，不要碰”挂在嘴边，导致孩子也很自然地怕脏。但是，孩子的分辨能力还没有发展成熟，所以自然会将黑黑的、黏黏的、有颗粒的东西都归类为肮脏的东西，进而引发他们的恐惧并且更加排斥去碰触这些物品。建议爸妈平常也要注意自己说话的内容，让孩子不怕接触不同触感的物品。

我不要脱袜子

如果孩子的触觉比较敏感，在穿袜子时会显得心不甘情不愿，但要他在外面脱袜子也是一大挑战，特别是当他觉得地板不干净的时候。只是孩子有时候分不清楚，地板上的小黑点究竟是图案还是沙砾，所以会出现抗拒的情况。事实上，换个角度来看，也很合理，如果地板上真的布满沙子，穿着袜子、隔着布料真的会比较舒服啊！

专家爸爸这样教

有些孩子的触觉天生就比较敏感，并非是爸妈所造成的，只要给孩子适当的触觉经验，他很快就可以调整。从触觉功能发展的角度来看，触觉的保护反应应该在2岁左右整合，所以如果孩子在2岁时还是比较敏感的话，我们可以按部就班地来帮助孩子。

第一阶段　提供舒适的触碰

首先要分辨轻碰与深触之间的差别，如果要增强孩子的触觉功能，我们要做的是提供深触，也就是按摩的力道，而不是轻轻地搔痒，否则会让孩子变得更敏感。事实上，我非常赞同婴儿按摩的方式，这样可以通过每天固定的时间来帮孩子降低触觉敏感。

第二阶段　容易清洗的颜料

涂鸦时给予孩子容易清洗的颜料，如幼儿专用的手指画颜料，一来很容易清洗，二来颜色很鲜艳，很容易吸引孩子的兴趣。最重要的是要容易清洗，只要水一冲就可以洗干净，这样孩子才不会担心衣服或身体被弄脏；或者也可以帮孩子穿上长袖工作服（防水围兜），让孩子觉得被保护。最初，可以给孩子画笔，当孩子喜欢画了以后，就可以鼓励他用手指来画图，很快地孩子就会克服触碰黏糊糊的感觉，也不会紧张或担心了。如果孩子喜欢玩黏土，那么可以在黏土里面加点儿盐，增加黏土粗粗的质感，也是一种很有趣的游戏。

第三阶段　多带孩子到户外

想让孩子体验不同的触感，最好的方式就是安排户外的活动。通过环境探索的过程，让孩子很自然地熟悉各种不同的触感。如在草地上奔跑、踩落叶、建沙堡，都是新奇又好玩儿的活动，从中可以让孩子获得更多的触觉经验。如果孩子不愿意尝试，请多点儿耐心，多给他几次机会，不要强迫。很多时候，爸妈示范好几次，不如请同年龄的孩子做一次，这样孩子反而比较敢去尝试。毕竟大人觉得不危险的东西，对孩子可能是一种挑战，但是，如果小朋友做都没问题，孩子很快就会愿意开始尝试。

育儿小锦囊

当孩子怕脏而丢掉东西时……

请记得提醒自己，怕是一种情绪上的恐惧，所以孩子会出现逃避的反应，而当他无法逃避时，往往就会出现攻击的情况。所以请先认同孩子的感受，询问孩子说：“你会害怕吗？”再引导孩子做出正确的方式，说：“你可以说：‘我不喜欢，帮我拿走！’但是不可以用丢的方式。”

这时，请不要再次将孩子害怕的东西强硬地塞到他的面前，不然往往没有解决任何问题，反而会导致孩子出现哭闹或生气的情绪。结果不仅没有让孩子变得不怕脏，却让他记得那个东西会害我被处罚，而更加讨厌它。

妈妈，那是什么

——孩子的好奇心

〔案例〕

小惠2岁半之后，说话越来越清楚，也越来越会表达自己的意见，常会脱口说出一些让爸妈意想不到的词汇。对事情充满好奇，每天都在不停地问："那是什么？"一天，妈妈带小惠去买午餐，在跨越人车繁忙的十字路口时，小惠突然停下脚步不动，完全不顾快要变成红灯的交通信号灯，径自蹲在斑马线上，眼睛紧盯着下水道的排水孔。大约3秒后，她很开心地抬起头，兴奋地看着妈妈，小手指着排水孔说："那是什么？"这让妈妈气到快要发火，只好先抱起小惠走到人行道，再跟她说明；如果没有得到答案，小惠可能又会缠着妈妈狂问好一阵子，究竟小孩子为什么会一直问不停呢？

孩子为什么会这样

好奇心是一种与生俱来的天赋，孩子通过对于事物的好奇，想要找到正确答案，来不断地吸收与学习。对孩子而言，整个世界就像一个巨大的游乐场，充满着许多他想不到的惊奇，等待着他去探索与发掘。根据认知心理学家皮亚杰的观点，人本身有一种认识外界的倾向。当人遇到新事物，又无法利用已有的知识去处理时，内心便会产生一种认知上的不平衡，使人设法去同化和调适。这种认知上的不平衡，就会引起好奇心的产生，而迫使孩子必须去找出适当的解释，才能让他感到安心。但也正因为如此，孩子就会出现一直问不停、迫切想知道答案的情况，这不是孩子在捣蛋，而是孩子在学习上的特质。

好奇心是最佳学习动力

好奇心是学习的最佳动力，也是人类文明的原动力，是一种与生俱来的天赋。著名的心理学家哈利·哈洛说："学习不是为了获得报酬，促使一个人学习最好的方式是激发其好奇心，引起自身的学习动机，让他会为了求之而去求知。"孩子对于事物常常都充满着好奇，只要看到不熟悉的东西，就会不停地询问、观察、碰触，从这样的过程中找到自己想要知道的答案，并从中学习与创造。因此，千万不要因为一时觉得麻烦，就压抑孩子的好奇心。

问不停的问题

孩子整天问不停，并非是他不愿意控制自己，而是受到内在动机的驱使所出现的行为。当孩子拥有的知识与实际状况发生冲突时，就会让他产生一种不协调的感受，因此他会觉得不安，一定要找到答案才能安心；正是这种不舒服的感受，让孩子不停地问问题，期望可以获得正确的答案。越是故意去忽略孩子的提问，越会让孩子感觉有东西悬在心上而感到更不安，结果就会出现一直缠着爸妈问“为什么”的情况。

很多时候，孩子虽然已经知道了正确的答案，但还是会不停地询问相同的问题，那是因为孩子希望通过爸妈回答的标准答案来增加自己的安全感，所以常常会反复地询问几十遍也不厌烦，这时请不要因为一时的情绪，故意回答相反的答案，以免使孩子问个不停。

孩子的注意力特质

孩子对于所有没见过的东西都会充满好奇，常常会东看西看，但就是不能专心地持续一阵子，常常才玩上手就想要换一个。孩子与成人的注意力特质有明显的差异，就像灯笼与手电筒。成人因为已经非常熟悉生活周边的各种刺激，因此可以将不必要的刺激隔离开来，就像一支手电筒一样可将光线聚集在一点，即可将注意力集中在一起。相对而言，孩子毕竟才刚刚开始学习探索环境，有许多不曾看见的有趣事物开始出现在身边，因此往往无法抑制自己的好奇心，对所有出现的新刺激都会去注意，就像一个灯笼一样四处发散自己的光芒。

满足好奇心的发展

宝宝天生就很好奇，只是好奇心在不同年龄的呈现方式不同。在出生到1岁时，小宝贝最好奇的是自己的身体，用感官来探索这个世界。拿到新东西，会先咬一咬、舔一舔、闻一闻，这就是他的探索方式。当孩子2岁时，会突然察觉到所有的东西都有一个名字，且正逢语言爆发的关键时期，因此会开始出现“这是什么”的疑惑。当3岁之后，孩子就开始喜欢问“为什么”。因为他迫切地想要知道答案，并且从自己动手的过程中满足其好奇心。但是，由于孩子还无法自己找出答案，所以就会常常缠着爸妈不放。

大约要等到四五岁以后，孩子才会渐渐发展出自己寻找答案的能力。因此，为了培养孩子的好奇心，爸妈要花上两至三年的耐心，等待孩子在各方面持续成长，以建筑自己的“知识墙”。

专家爸爸这样教

英国谚语：“好奇害死猫。”确实孩子的好奇心经常使得爸妈很困扰，如不停地问问题、频频打断别人说话、乱碰触物品等。但是，孩子的好奇心却是最好的天赋，正因为对事物充满好奇，才会不停地学习。

好奇心是人类创造的原动力，满足孩子的好奇心是十分重要的。特别是在这个变化快速的时代，很难想象过去我们使用的计算机软盘只有1.4M，现在随便一部电影的容量都要2G，即便是我们最常用的智能手机的容量也都是16G起。孩子未来生活的世界只会变化更快，因此孩子需要学习的不仅仅是学校中获得的知识，更要能应付未来生活的变化。让孩子对事物都充满好奇，有主动学习的动机，寻找答案的能力，正是我们身为父母可以帮孩子准备的一份礼物。

第一阶段　重视孩子的提问

孩子之所以问问题，绝对不是故意找麻烦，而是受到好奇心的驱使，因此重视孩子的提问，认真答复孩子的问题，是减少孩子提问最有效的方式。千万不要随口回答或敷衍了事，当孩子每次获得的答案不同时，就会再多问一次，以期望获得正确答案，结果反而导致孩子更爱问问题。

由于孩子语言理解能力尚未发展完善，因此解释时，请尽量简短而明确，以免孩子因为冗长的解释而误解你的意思，反而产生更多的疑问，当然就会问更多的问题。

当爸妈手边有工作在忙时，也不必马上停下手边的工作立即响应孩子的提问。我们虽然鼓励孩子提问，但是也需要尊重他人，因此，不妨明确地请他等待一下，说：“妈妈现在手上拿着杯子，等我放到桌上再过来帮你的忙。”但是，把手上的事完成后，要记得你的小小承诺，立即陪伴孩子并鼓励他“很棒，很听话好好地等待”。千万不要一直将“好好好，我等一下就告诉你”挂在嘴边，但却从来没有做到，这样会使让孩子更坚持一定要马上知道答案。

第二阶段　允许孩子有犯错的机会

因为好奇心，孩子会不断尝试许多新鲜的事物，并且自己动手来验证刚刚学到的知识，但却会导致一些问题。例如，看到妈妈将巧虎DVD放进播放器里面，就将自己仿画的巧虎DVD（纸卡）塞进播放器，期望也可以看到巧虎，结果当然是被妈妈骂了一顿。

当孩子充满好奇时，无疑也会增加他犯错的机会，这时应该帮孩子准备好安全的环境，将可能会导致孩子犯错的物品暂时收起来，而非一味地禁止孩子尝试。例如，给2岁的孩子看绘本时，可以准备纸质较硬的书籍，以免孩子在翻页时可能会不小心撕破。

当孩子在尝试新事物时，在安全的前提下，允许孩子有犯错的机会。千万不要在孩子第一次做错时就加以责备，这样反而会让孩子抗拒尝试而变得越来越被动。让孩子可以自由自在地尝试，且不会有担心害怕的风险，自然就能享受到学习的乐趣。

第三阶段　教导孩子如何找出答案

当孩子提出的问题爸妈也不知道答案时，请不要急着回答孩子，因为这正是引导孩子如何找出答案的机会。引导孩子跟着爸妈看书，通过书籍或绘本和孩子一起找答案，通过实际示范，孩子很快就会知道如何通过查询书本来找到自己想要的答案，之后再碰到问题时，他就会开始学着爸妈的样子查资料。

4岁以前，孩子的表达能力尚未成熟，有时提出的问题会含糊不清。

这时不妨帮孩子将他的问题聚焦，把问题重新组合一遍，再请孩子跟着复述一次，通过这样引导的过程，让孩子学会如何正确提问，同时也让爸妈更明白孩子的问题，更容易给予正确的答案。

4岁以后，就可以通过反问孩子“你觉得是什么呢”“你觉得它像什么”等开放式的问题，让孩子有思考的空间；通过这样的过程，可以让孩子练习推理、猜测等找出答案的方式。在寻找答案的过程中，可以进一步地将绘本或童书拿给孩子，让他尝试自己找找看，再带着他一起念出里面的内容。很快地当孩子想要知道答案时，就会自己去找出书籍来翻，只是可能还是需要依赖爸妈帮忙念出来。当孩子大约八九岁时，就可以自己阅读了。

育儿小锦囊

当孩子一直问不停时……

孩子一直重复问同样的问题，明明已经和他说过很多次了，他却还是问个不停，常常会让大人感到厌烦。这时请不要生气，也不要不耐烦地回答：“不是已经和你说了几十遍了，还一直问。”因为这听起来不是孩子期待中的答案，反而会让孩子感到焦虑，而又再问个不停。直到听到你说他心目中的标准答案才会心甘情愿地停下来。

正确的响应方式是，认真地回想一下，是不是家人对于这个问题都会给予相同的答复。建议统一全家人的答复，让答案一致才是最有效的方法。如果答复都是一致的，却依然有相同的困扰时，则建议使用转移注意力的方式，鼓励孩子去做一件百分之百会成功的事情，再给予孩子鼓励与奖励，就可以减少孩子不停问相同问题的情况。

PART2
手足关系

我不喜欢妹妹

——老大的失落感

〔案例〕

虽然妈妈在怀妹妹的过程中，已经不停地帮小惠进行心理建设，跟小惠说："你要当姐姐了！"但是，小惠还是似懂非懂的样子，整天想黏在妈妈的身上讨抱抱。很快地，到了小惠当姐姐的第一天，看到妈妈手上抱着刚刚出生的妹妹时，她搞不清楚状况，皱着眉头思考着，那个软软小小的"东西"是什么？5天后，妹妹小瑜也回家了，小惠更是搞不清楚到底发生了什么事情，为什么爸妈陪她玩儿的时间变少了，而且妈妈还常常躲在房间里面不出来。是不是爸妈"变心"了，为什么只要有哭声，爸妈就会不见了？迎接妹妹诞生的喜悦，很快地就被这样的失落情绪所取代，小惠看起来似乎不是很开心，也渐渐地变得越来越爱哭。

孩子为什么会这样

照顾一个新生儿，是一项非常大的挑战，不论是第一胎，还是第二胎，照顾婴儿常常会让爸妈感到手忙脚乱。由于每天固定只有24小时，既然分割了许多时间照顾刚出生的小宝贝，那么自然就会压缩陪伴大宝贝的时间，而让大宝贝感到失落。

如果这时孩子已经上了幼儿园，因为有学校生活的转移，往往比较不会有明显的失落感。相反地，如果原来是由妈妈24小时陪伴的孩子则会因为前后的落差过大，而出现情绪不稳定的“老大情结”。

“老大情结”任何年龄都有可能发生，不一定在3岁，也不会因为孩子的年龄较大，就会比较轻微。很多时候，7岁才有弟弟或妹妹的学童，反而会产生更强烈的“老大情结”。我们必须知道，孩子表现不好的原因并非是孩子不喜欢弟弟或妹妹，而是一种失落感，也就是由不安全感导致的焦虑。

妈妈是我的

孩子都想要独占妈妈的爱，即弗洛伊德理论中提及的“恋母情结”。孩子非常弱小而无法独自生存，因此必须找到一个主要照顾者紧紧地依恋在他身上，才能确保自身的安全。因此，孩子会渴望妈妈完全属于他而产生占有欲，希望妈妈可以随时陪在他身边、响应他的需求。

最初，连爸爸都有可能会是孩子的假想敌人，不希望爸爸分走妈妈的关注，而会对爸爸有敌意，更不要说是一个刚出生、会将妈妈从他的身边抢走的小婴儿。因为不愿意失去妈妈，所以就会出现种种排斥、抗拒的反应来表达他的不满与焦虑。

突然出现的“第三者”

虽然，爸妈都认为大的应该照顾小的，也希望两个孩子可以相亲相爱。但是在孩子的认知上，小的不是弟弟或妹妹，而是一个突然出现的“第三者”。原本和妈妈过着快乐的“二人世界”，世界围绕着他转，真的是超级开心啊！没想到，短短不到一周的时间，妈妈居然就“变心”了，不但经常突然消失不见，叫她她有时也不回应，这自然会让孩子感到不安。

不要说是小孩，就连成熟理性的大人，如果面对像孩子一样的情况时，也会难过和担心，孩子毕竟是孩子，这样的调适还是需要时间的，多给孩子一些时间吧！

当哥哥或姐姐也是需要练习的

不是弟弟或妹妹出生了，孩子就马上会当哥哥或姐姐，这需要一段时间的尝试与练习。毕竟孩子没有当过哥哥或姐姐，所以第一次难免会不熟悉、跌跌撞撞，记住，不要给予孩子这样的要求：“因为你是哥哥（姐姐）了，所以要让着弟弟（妹妹）！”反过来说，如果没有弟弟或妹妹，就不需要礼让了吗？这个说法反而会让老大越来越讨厌老二，导致他的行为变得更加异常。

请给予老大多一点儿时间来适应，不要让他觉得从弟弟或妹妹出生后，就一直被忽略、被责备。照顾小宝宝时，不妨引导孩子当一个称职的小帮手，帮妈妈拿纸尿裤、丢纸尿裤、拿奶嘴等，通过这样的过程，让孩子去观察、陪伴小婴儿，同时也在妈妈的赞美中了解到弟弟或妹妹的可爱。

我失宠了吗

小宝宝娇小柔弱的模样，经常是全家的焦点，不知不觉间，全家的互动也会出现一些微小的变化。不可避免地原来陪伴老大的时间会明显地减少，甚至连活动的空间也会开始受到限制，家里的家具配置也会改变。这些看在孩子的眼里，即使年龄小，他也知道事情不一样了，而会产生一种失宠的感觉。

孩子开始因为担心而会做出许多的努力，希望能博得爸妈关爱的眼神。然而，通常做好事不容易将爸妈的注意力转移到自己的身上，所以当孩子发现坏行为可以成功地吸引大人的注意力，甚至使注意的时间更持久时，无疑就会提升孩子继续尝试坏行为的频率与强度。这时，处罚无法减少冲突，反而会让老大更加焦虑，进而出现更激烈的反抗。即使是强制将孩子的欲望压下去，让孩子不敢光明正大地做，但是私底下的动作只会越来越多。

专家爸爸这样教

家里第二个孩子出生，是一件非常开心的事情，但是压力也随之而来。但无论如何都不能忽视老大的心情，毕竟孩子还是会因此而感到失落，甚至出现焦虑的情况。如果没有及时地处理，容易导致孩子对于弟弟或妹妹出现抗拒或排斥的情况。了解孩子、尊重孩子的感受，不是强迫孩子接受，不能用“你比较大，就要让着弟弟（或妹妹）”这种方式来说服孩子，而是必须想办法来让孩子喜欢弟弟或妹妹。

第一阶段　迎接弟弟或妹妹前的准备

可以通过绘本或故事告诉孩子即将有弟弟或妹妹的事实，让孩子有初步的心理准备。基本上，对于3岁以前的孩子还是似懂非懂，可以让孩子看他小时候的照片与影像，来让孩子认识自己小婴儿时的模样。带着孩子一起准备迎接小宝宝，如和孩子一起逛婴童用品店、布置婴儿床、整理旧的衣服与玩具。通过这样的过程来调整孩子的心态，让孩子可以期待家庭新成员的到来。

当妈妈到医院待产到第二个宝贝出生这段时间，孩子必然无法待在妈妈身边，所以一定要事先做好准备。除了事先预告，妈妈分娩住院期间，妈妈会去哪里、谁会陪他。如果环境许可，可以事先演练一遍，让孩子有良好的心理准备，到时才不会手忙脚乱。

在妈妈住院期间，多带孩子到婴儿室看小婴儿，除了可以看看想念的妈妈之外，也可以让孩子有所准备，自己已经升级成哥哥或姐姐了，以减少小婴儿返家后对老大造成的冲击。带小婴儿回家时，记得顺手准备一个小礼物，帮小宝宝送给哥哥或姐姐，当作见面礼。

有时候，真的不可以小看孩子的记忆力，孩子还真的会记得那个见面礼是什么哦！

第二阶段　先搞定老大的情绪

虽然照顾新生儿需要耗费许多精力，但即使再忙碌，父母也要安排自己与哥哥（姐姐）单独相处的时间，让他清楚明白自己在爸妈心中仍然是独一无二的，时间不需要很长，但是绝对不可以被小宝宝打断，千万不可以让孩子满怀期待，结果小宝宝一哭就中断，那样反而会让孩子感到更加失落。

即使每天只有10分钟，也要清楚传达这个时间爸妈是完全属于他的，所以千万不能一边陪孩子玩儿，一边看电视或看手机，请让孩子享有弟弟或妹妹出生前的宠爱感，那才是最重要的。多给孩子一些赞美与拥抱，让孩子知道爸妈还是像以前一样爱他，当他感受到了，自然就不会焦虑、失落，才能渐渐喜爱刚刚到来的弟弟或妹妹。

第三阶段　和妈妈一起照顾新生儿

最初的几个月，小婴儿最常使用的表达方式就是哭，也不太会和哥哥或姐姐互动，即使孩子想要和他玩儿，也很难玩儿得起来。这时，爸妈就要当小婴儿的“代言人”，让孩子感受到小宝贝很喜欢他，孩子很自然地就会越来越喜欢小婴儿。

不要担心孩子粗手粗脚会弄伤小婴儿而将他关在门外，那样反而会伤害他；鼓励孩子一起照顾小婴儿，帮忙做一些工作，如拿纸尿裤、丢纸尿裤等，通过这样的过程可以让孩子了解如何照顾小婴儿。此外，这样还可以名正言顺地赞美孩子，如“姐姐最喜欢妹妹了，会帮妹妹拿纸尿裤，好棒哦！”“当姐姐了，真的很厉害，会帮妈妈丢纸尿裤了！”通过这样的过程，帮小婴儿谢谢姐姐的照顾，姐姐当然也会越来越喜欢照顾小宝贝，因为可以获得她最重视的妈妈的赞美。

育儿小锦囊

当孩子要打弟弟或妹妹时……

请记得提醒自己，不要先入为主地认定老大有问题，多思考一下最近陪伴孩子的时间是否足够呢？特别在3岁时，孩子可能会出现嫉妒弟弟或妹妹的情绪，进而出现闹脾气、捣蛋、攻击等各种坏行为来吸引爸妈的注意，实际上都是希望爸妈能多给他一点儿关爱。

在你坐着拥抱小婴儿的同时，请记得用另一手拥抱老大。当你情不自禁地轻吻小婴儿的同时，请记得也要亲吻一下老大。千万不要过度关注小婴儿，而忽略了老大一直在旁边观看着。

处罚往往只能暂时地阻止孩子想要争取宠爱的意图，带着老大一起照顾小宝贝，给予他更多的鼓励与赞美，会比爸妈不停地责骂或禁止更加有效。

这个是我的

——所有权的建立

〔案例〕

每天小惠在睡觉前，都要帮全家人点名。爸爸晚安、妈妈晚安、祖父晚安、奶奶晚安、妹妹晚安……甚至连自己的玩具也要问“晚安”，常常会拖好一阵子才能睡觉。小惠很喜欢妹妹，常常在妹妹旁边跑来跑去，逗着妹妹开心地大笑；但是，偶尔还是会因为玩具吵成一团，甚至会出现推倒妹妹的情况。当妈妈出面制止时，小惠马上就会挂着眼泪，带着无辜又有点儿生气的眼神看着妈妈，小声地说：“这个是我的……”因为，妹妹年龄还小，根本还分不清楚“自己的”到底是什么，所以难免会拿错，但是小惠却分得非常清楚。结果就导致鸡同鸭讲的情况出现。因为妹妹总是说不听，最后姐姐就只好用实力来阻止妹妹捣蛋，当然也就会出现两个人都倒霉的情况了。这是因为小惠很自私，都不愿意让着妹妹吗？

孩子为什么会这样

并非是孩子自私、不肯分享，而是孩子所有权的概念正处在发展阶段，需要通过“我的”“别人的”这样的观念来发展出“自我定义”的过程。在这之前，孩子通常是相当大方的，要他将玩具分给别人他毫无感觉，这并非是孩子真的大方，而是所有权的概念尚未发展。一般来说，孩子的所有权概念会在2岁时开始萌芽，也开始从生活经验中学习分辨，哪些是自己的、哪些是别人的，这并非是孩子自私的象征，而是“自我定义”正在逐渐成形的一个过程。

孩子在3岁左右，会开始对于物品的所有权有明确的界定。爸爸的鞋子、妈妈的包包、姐姐的帽子、妹妹的杯子，都会分得非常清楚。因此，虽然是姐姐自己已经不用的东西，但是之前确实是属于自己的，所以当妹妹开始使用时，姐姐就会感到困扰而出现情绪。

我的、妈妈的、爸爸的

当孩子2岁时，通常是以自我为中心的，只要是他视线所及范围内的所有物品他都会认为是“我的”。大约从3岁开始，孩子才能渐渐开始分辨“我的”“你的”“他的”之间的不同。

当孩子已经可以熟悉家里所有成员的称谓时，爸妈就可以开始教导孩子分辨物品的所有权。建议可以从鞋子或衣服等有明显区别的日常用品开始练习，让孩子分辨自己的鞋子、妈妈的鞋子、爸爸的鞋子，很快地，孩子就会对所有权有最基本的认识。

旧玩具是谁的

当孩子开始了解物品的所有权后，就会开始坚持保护自己的所有物，并且非常重视。但是，问题是老大不玩的玩具、不穿的衣服，难道就不是他的吗？

我们大人常常会和孩子说，如果拿别人的东西一定要先说，所以当父母要将老大的东西转给老二的时候，千万不要忘记要先和老大说一声，只有父母以身作则，孩子才会知道如何遵循规则。

有必要这样麻烦吗？有的，多了这个小小的动作，孩子就会觉得安心，不会因为担心失去属于自己的东西而感到紧张，自然就能学会分享了。

大的一定要让小的吗

很多时候，老大和老二发生抢玩具、争蜡笔等冲突时，常常是因为老大已经有了所有权概念，但是却碰上一个完全不知道“我的”为何物的老二，导致冲突一发不可收拾。即使给他们两个一模一样的物品，结果还是相同的：老大好说歹说，老二还是不肯放手，最后就变成比谁的力气大。

强硬要求“大的一定要让小的”，不见得是一个好的处理方式。因为孩子可能会感到困惑，究竟自己是否应该维护自己的所有权，导致日后可能在学校被欺负，也不敢保护自己。

哥哥（姐姐）爱护弟弟（妹妹），的确是一件好事，但并非是指“大的非得让着小的”，以免让委屈的老大和执拗的老二出现手足竞争的问题。

孩子是自私自利的吗

礼让是一种美德，我们从小都读过孔融4岁能让梨，但即使是神童也是4岁才会礼让与分享，而不是2岁。如果孔融2岁不会让梨就是一个自私自利的孩子吗？

对孩子而言，分享是需要练习的。他们搞不懂将物品给别人后，为什么有时候拿得回来，有时候却又拿不回来，因此常常无法掌握是否应该分享。如玩具与饼干之间的差别，一个玩儿完了还会存在，一个吃完后就不见了，所以孩子常常不愿意分享，生怕自己喜爱的拥有物会从此消失不见。

请不要强迫孩子一定要分享，因为当他的预期能力尚未成熟时，强迫分享只会让他时时担心喜欢的物品会消失，使他产生焦虑情绪。仔细观察会发现，当他觉得够安全或不在意那样物品时，他通常很乐意分享；但是，当他觉得那是他的心肝宝贝时，就会显得很小气。这时请不要勉强孩子，应尊重他的决定，有机会再多练习就可以了。

专家爸爸这样教

当孩子3岁左右，就越来越能准确分辨物品是谁的，虽然孩子变聪明了，但却也开始变得小气，不愿意和别人分享；若采取强迫或处罚的方式也不恰当，因为过度顺从的孩子日后可能容易受到欺负，而过度抗拒的孩子则容易欺负手足。如何引导让孩子顺利度过这个阶段，也是需要父母的智慧与耐心的。

第一阶段　从多的开始分享

分享不是孩子与生俱来的能力，需要练习及培养。在最初的阶段，请不要用玩具来练习，一来可能会因为孩子很喜欢某个玩具而失败，二来同样的玩具数量通常只有一个，比起练习分享，孩子更担心玩具会被抢走。

当鼓励孩子分享时，用苹果与葡萄哪一个比较容易成功呢？很自然是葡萄，因为葡萄的数量比较多、吃不完。你瞧出端倪了吗？在学习分享时，从数量较多的开始较容易成功，而且水果则是最好使用的小道具。

让孩子在每天吃水果的时候，先练习将水果分给家里的每个人，孩子很快就会发现，即使今天分享完了，第二天还是会有水果可以吃，自然就会很乐意分享了。

第二阶段　玩具都是爸妈的

父母应该都有相同的经验，因为担心家里的孩子会抢玩具，所以干脆一次买两个一模一样的，各玩儿各的总不会吵架了吧？但结果孩子依旧抢来抢去。

事实上，比较好的处理方式是家里的所有新玩具都是爸妈的，如果孩子想玩儿，就必须向爸妈借；如果不玩儿了，就必须还给爸妈，这样就可以暂时避开所有权的冲突。

如果孩子非常喜欢某个玩具，我们可以在特别的时间点将它送给孩子，成为他“所拥有”的玩具，其他的玩具仍然需要与别人分享，但是他“所拥有”的玩具就是他的专属，爸妈不可以强迫他与别人分享。

第三阶段　跟着妹妹一起玩儿

为了避免孩子经常因所有权问题引起冲突，爸妈可以通过一些事前准备工作来预防。

先准备两个盒子，将玩具分成两份，最初建议可以用乐高、积木、串珠等来练习，让孩子习惯和平地一起玩游戏，而不会出现争执的情况。当孩子已经熟悉后，再鼓励老大在游戏开始之前，将自己的分成两份，然后分给弟弟或妹妹。

很快地，孩子就能学会如何和手足一起玩游戏，而不会出现争执的情况。这时，就可以进阶玩扮家家酒游戏组，让孩子进一步地练习分享不同的玩具，接下来就可以开始练习轮流与交换了。

请记得，分享是一种习惯，一定要让孩子先成功，他才会越来越愿意分享。

育儿小锦囊

当老大抢弟弟或妹妹的玩具时……

请记得提醒自己，孩子之间抢玩具，不一定都是老大的错，要先看引发冲突的原因。如果要处罚，就应该两个一起处罚，将玩具暂时没收，而不是只处罚听得懂话的老大。事实上，越有安全感的孩子越充满爱，越充满爱的孩子才越懂得分享，与其一味勉强老大分享自己的玩具，倒不如积极培养孩子的安全感，多给老大一些关注与疼爱，效果反而更好。

妈妈比较爱妹妹

——手足间的竞争

〔案例〕

3岁的小惠非常喜欢画画，只要拿起彩笔，就可以坐在小桌子前面剪剪、贴贴、画画整整一小时，最后当然最重要的就是要拿出她的作品跟爸妈分享。妹妹也想像姐姐一样，所以总是会在旁边抢姐姐的彩笔、图画纸，绝大多数时候小惠都会抱着自己的作品逃离妹妹的“魔掌”。但是，今天妹妹逮到机会抢下姐姐的图画纸，准备一笔画下去，情急之下，小惠把妹妹推倒了，不巧妹妹撞到椅子而大哭起来。妈妈一心急就骂了小惠，小惠马上流下了委屈的眼泪，低声地呜咽说：“妈妈比较爱妹妹！”连续两个晚上都说梦话：“妈妈不要抱妹妹！”“妹妹不要拿！”……妈妈在一旁听得心都碎了。

孩子为什么会这样

手足竞争是指在兄弟姐妹之间的竞争关系，也就是彼此争夺爸妈的关爱时自然而然发展出来的一种竞争关系。竞争的目的，并非是在比谁比较厉害，而是抢夺爸妈的爱。手足竞争在双子家庭中很常见，特别是当弟弟（妹妹）在一岁半到两岁半时，最为严重，并一直延续到弟弟（妹妹）3岁大，可以成熟表达意见后才会渐渐地缓和。处理原则是，不可以老二一哭就处罚老大，以免导致更多的冲突。

两个人都是对的

有些爸妈会指责老大的“手足竞争”特别强烈，是因为个性不好，不会照顾弟弟（妹妹）。请不要给孩子扣上这顶沉重的帽子，绝大多数只是因为年龄差距。

当孩子三四岁时，开始会有强烈的控制欲望，想要管东管西，这是一个正常的发展过程。但是如果运气不好，偏偏碰上一个正处于第一反抗期的弟弟（妹妹）时，冲突往往很难避免，因为一个很爱管，另一个则很执拗；一个想让，另一个就什么都抢，让争执加剧。其实，两个人都没有恶意，只是在做自己年龄该做的事，但是凑在一起却让爸妈觉得非常困扰。

是妹妹先抢的

当年龄较小的老二想要和老大玩儿，却无意间破坏哥哥（姐姐）辛苦完成的作品时，虽然不是故意的，但东西确实被弄坏了；当老大想从弟弟（妹妹）那里拿回自己的作品时，想法虽然正确但往往技巧不佳，易弄哭弟弟（妹妹），所以不仅是孩子陷入争夺的挣扎，连照顾他们的大人也开始出现疑问，究竟是否应该处罚？要处罚谁？如果不处罚，他们会不会越打越凶？

其实，不应该陷入“大的要让小的”的误区，绝大多数的时候，爸妈只能察觉到结果，却没有看清楚过程，如果断然处罚老大，只会增加他情绪上的反弹，导致冲突不断。在处罚老大的同时，也要记得责备小的，这样孩子才不会觉得爸妈偏心。

公平真的公平吗

很多时候，我们都希望给孩子公平的爱，如老大学钢琴、绘画，所以老二当然也得学，这样既公平，也方便接送，但是，这样做无形中也增加了两个孩子之间竞争的情况，产生“我比你厉害”之类的比较心态。如果这时老大的能力明显地优于老二，往往不易出现冲突的情况；相反，如果老二后来居上，老大就会感到有压力，产生情绪上的冲突，进而出现不恰当的行为。

实际上，上述情况很容易通过课程安排来解决，公平不一定是最适宜的方式，依照孩子的天赋安排适合的课程才是最恰当的选择。

减少两人的比较

不同的年龄有不同的发展指标，所以请不要使用相同的标准来要求孩子，也不要过度比较，因为这样的比较并不客观，应尽量避免使用“你为什么不能像妹妹一样乖乖坐好”“妹妹都比你听话”“如果你不吃，就拿给妹妹吃”这样的说法，以免增加手足之间的竞争，使情况恶化。

如果真的需要使用激将法来激励孩子，请记得将妹妹这个角色换成孩子身边其他的人或物，例如，爸爸或宠物往往可以达到效果，又不会引发不必要的手足竞争。

专家爸爸这样教

每个孩子都是爸妈心中的宝贝，这样的信息要清楚传达给孩子，才能给孩子足够的安全感来克服心中的恐惧与焦虑。手足竞争几乎都会出现，只是强度不同，特别是在两个孩子相差2～3岁时，冲突往往会特别明显。其中，当老二刚好在一岁半到两岁半时，会达到高峰，而后才会随着孩子认知能力的发展而渐渐趋缓。

这时爸妈需要用耐心与引导协助孩子找到最好的相处模式，并且创造成功的机会，而不是用大人的权威来迫使孩子服从，否则可能导致孩子彼此间的竞争变得更激烈；等老二再大一些，到3岁时，就会渐渐改善了。

第一阶段　选定主要照顾者

让孩子一个人黏一个人，这样可以让孩子们都拥有良好的依恋，也可以得到完整的安全感。如果老大还没有满4岁，不建议转换主要照顾者，而是要让老二由另外一个人照顾，这样会比较顺畅。这时，爸爸、家里的长辈都是相当适合的人选。很多时候，我们会觉得婴儿最需要照顾，而忽略了老大的感受，但事实上，婴儿还搞不清楚是谁在照顾他，但是老大却已经非常明白，所以面对环境变化时会有很深的焦虑。

让每个宝贝都有最多的爱，让孩子在爱中长大，才是最好的选择。不是所有时候都要两个孩子腻在一起，而是应减少冲突可能发生的机会，适时地分开两个孩子，营造和弟弟（妹妹）一起玩儿很快乐的印象，那么孩子也就会越来越喜欢弟弟（妹妹），也才能忍耐他（她）小小的无理取闹了。

第二阶段　让大孩子示范

3岁的孩子对于新鲜事物充满好奇，每天都在学习新的事物、玩不同的玩具，就如同一块海绵不断地吸收新知识，但是，这样的特质在和年龄较小的弟弟（妹妹）玩儿时，却是冲突的开始。

当两个宝贝在一起玩儿时，请记得选择年龄较小的孩子适合的活动，例如，姐姐已经可以玩乐高，妹妹却还只能玩幼儿积木，那么这时请带着孩子一起玩幼儿积木，否则，让孩子们一起玩儿，往往是高兴不了一会儿，就开始吵架，最后演变成处罚孩子。

选择适合妹妹的活动，反正姐姐的动作比较快，妹妹的动作比较慢，等到姐姐完成后再增加难度，这样两个人都会有事情做，自然可以降低发生冲突的机会。姐姐觉得自己比较厉害，会有自信心；妹妹觉得自己学会新东西，也会很开心。

通过教导姐姐示范的过程，让两个宝贝可以一起快乐地玩游戏。在爸妈的引导下，孩子自然就会知道如何和兄弟姐妹一起玩儿，老大更可以从中学会如何教弟弟（妹妹）。

第三阶段　冲突介入的最小化

当孩子们发生冲突时，通常是爸妈没有注意到的时候，如果这时爸妈突然介入评断谁对谁错，常常会因为信息不足较难判断，反而会变成争辩爸妈有无偏心的结果。

建议如果冲突不会导致危险的状况，爸妈尽量不要过度介入，而是将孩子分别带开。如果必须处罚时，可以询问孩子的决定，例如，是否原谅对方，或是要一起接受处罚。提供给孩子选择的机会，孩子通常会比较愿意接受，而不会有太多的情绪起伏。

处理冲突的原则是，询问孩子时应尽量使用简短的语句，不需要过多的解释与说明，否则反而容易引起孩子误解，结果又会引发情绪。此外，必须特别注意，如果老二正好处在第一反抗期，请不要问他“好不好”，反正他的回答一定是“不好”，结果反而会让情况变得更僵。

逐渐减少大人的介入，老大很快就会知道，如何才能和老二和平相处了。

育儿小锦囊

当孩子说“你都不爱我”时……

记得提醒自己，不要将这句话太放在心上，孩子只是想要传达“很想要你陪我”而已。对于孩子而言，时间是绝对的，只有现在，没有未来，所以建议适时地调整与孩子互动的方式，多花一些时间在孩子身上，孩子很快就可以感受到爸妈对他的疼爱。

对孩子，我们往往都是给予相同的爱，有时过度强调公平，反而会让孩子感到失落。因此，为了适时地分开孩子，让孩子有时可以享受到专属的宠爱，反而会是一个减少彼此之间冲突的比较好的方式。

我也要吃奶嘴

——孩子的退化行为

〔案例〕

小惠本来已经可以一觉睡到天亮，晚上也不用起来喝奶，但是随着妹妹的出生，晚上难免会被哭声吵醒，原来好不容易养成的习惯突然之间又变得不是很稳定。一天，妹妹还是很准时地在凌晨1点20分哭了，妈妈也立即起床准备喂妹妹，这时小惠也半梦半醒地拿着小被子跟在妈妈的后面走出来。妈妈给妹妹冲奶时，小惠在旁边呆呆地看着，妈妈安慰小惠说："等下妈妈喂完妹妹就去陪你睡觉。"并随手将泡好的奶瓶放在茶几上，没想到妈妈刚去抱妹妹出来，奶瓶就不见了！回头一看，小惠居然躲在沙发后面自己喝起奶来。小惠早就不用奶瓶了，为什么会突然变得像小宝宝一样呢？

孩子为什么会这样

退化行为（Regression）不一定是因为弟弟或妹妹的出生所导致的，当孩子面临压力、遭受挫折时，也可能会有行为倒退的情况出现。因为孩子还没有办法调适自己的情绪，所以会退缩到婴儿时期的行为来吸引爸妈注意，以安慰自己受伤的心。这种行为倒退的情况，也就被称为“退化行为”。这是一种心理防御的机制，不仅仅在小孩子身上会出现，有时成人也会有类似的行为，例如，和老公吵架就去买一大堆甜点来吃，通过吃来安慰自己的情绪。这是孩子自我调整的过程，不必过度处罚或抑制，不然可能导致孩子将自己推到想象的世界里面而变得孤僻。

我需要你的照顾

当孩子出现吃奶嘴、尿裤子、喝奶等退化行为时，请不要过度担心，这只是为了传达“我也还小，需要你照顾”的信息，所以才会出现这些让人又好气又好笑的行为。

退化行为不一定出现在三四岁，甚至九岁、十岁也有可能，请不要误以为孩子在捣蛋、故意找麻烦。而是应正视孩子的要求，给予孩子明确的承诺，这样才可以减少孩子退化行为的发生。越是忽略孩子所提出的要求，越会使退化行为更加严重，甚至会出现故意大便在裤子上面的情况。

正面鼓励才能转移

“妹妹只要哭，就可以被抱起来，那我也要。”基于这样的心态，孩子会开始出现一些退化的行为。因为他想如果自己像婴儿一样，什么都不会，是不是就可以得到父母的关爱？

孩子所需要的，其实很简单，就是希望可以分得你一部分的关爱，正因为如此，处罚不会有任何的帮助，反而会让情况变得恶化，让孩子越退越回去；相反，当孩子表现好时，给予孩子更多的鼓励，就能让孩子知道爸妈还是一样爱他。

引导孩子去做一些百分之百会成功的事情，然后趁机奖励孩子，称赞孩子：“你长大了，好厉害！”通过正向鼓励的过程，才能转移孩子退化的行为，使他逐渐恢复到原来的正轨。

乖巧不是必然

孩子很乖巧不是必然，必须给予鼓励。我们常常觉得孩子应该很听话，而将这些当作必然，所以经常忽略给予孩子鼓励。事实上，孩子表现得很好、听话时很需要我们的赞许。因此，孩子会去寻求可以获得你注意力的方式，当妹妹哭闹时，你一定会出现，很快地他就会产生错误认识，认为像妹妹那样是最好的方式，所以就会导致退化行为。

事实上，虽然有了老二，我们对于老大的疼爱往往是一样的。但是，如果没有明确地表达让老大知道，孩子往往无法察觉，而会出现寻求父母注意力的行为。请记得不要吝啬表达你对孩子的爱，记得亲亲孩子和他说：“你是爸妈的大宝贝。”

偶尔宠爱也无妨

孩子偶尔出现退化行为时，请不要过度紧张，也不要有情绪。因为孩子只是在表达他的失落感，这样的表现只是在提醒爸妈，他需要你们的安慰与疼爱，这只是孩子撒娇的一种方式，而不是捣蛋，只不过方式很不成熟罢了。

假想如果有一天，你突然想跟老公撒娇，才开始小鸟依人地靠在他身上，准备柔声地说：“辛苦了。”他却马上把你推开说：“干什么，我没钱哦！”你会不会觉得很扫兴呢？

同样地，孩子假装自己还是一个婴儿，需要爸妈抱着喝奶，难道不是一种撒娇吗？孩子只是想要重温幼时被爸妈疼爱的感觉，就偶尔宠爱孩子一下，当作是他表现好的奖励吧！

专家爸爸这样教

当家里突然有了一个婴儿时，孩子很快就会从喜悦变得闷闷不乐。最重要的原因不外乎就是我们陪伴老大的时间明显地被小婴儿占据了。这时，老大会因为想要获得爸妈的关注，而出现模仿婴儿的行为，如吵着要奶嘴、不要吃饭也要喝奶、一定要用奶瓶、要穿纸尿裤的情况。这时，包容是最重要的，站在老大的立场想一下，他为何会这样做呢？绝对不是唱反调，只是想要撒娇，所以先调整我们的心态，带着老大一起长大，正向地传达我们对他的疼爱。

第一阶段　尊重而不嘲笑

请告诉自己，孩子只是暂时出现退化行为，只是想要得到关爱与照顾，但是却无法清楚地说出口。因此，当孩子变得像婴儿时，请务必记得不要嘲笑他，例如，“看你像个小宝宝，不害羞！”这样的话，不但毫无帮助，反而会让他感到更加不安，导致退化行为变得更加严重。

这时，我们最需要的是了解孩子的想法、尊重孩子的感受，才能帮他从这样的不安中渐渐地走出来。让孩子知道即使他已经是哥哥（姐姐），爸妈对他的爱还是像以前一样，不会因为多了一个婴儿就会有所不同。

确实，照顾小婴儿需要花费许多精力，难免会出现忽略大孩子的情况。但是，只要记得，给予孩子更多的拥抱及口头上的鼓励，孩子就可以明确地感受到。请收起你的抱怨，你很快就会发现，孩子变得越来越配合了。

第二阶段　让孩子知道长大的好处

让孩子知道长大的好处才是改善的关键。依照孩子的年龄，安排一个全新的经验，当作是孩子长大的礼物。跟孩子说：“这是大哥哥（大姐姐）才可以做的哦！”

当孩子3岁时，可以让他学习骑脚踏车，让他从中获得成功经验，通过新活动来转移孩子的注意力，让孩子体会到长大的好处，并且与爸妈分享他的喜悦。孩子自然就不会想要当婴儿，因为他知道，当大哥哥（大姐姐）可以获得更多。通过实际的感受，比你耐着性子和他不断地说明还要有用。

第三阶段　照顾弟弟（妹妹）好棒

让老大学习分担照顾老二的责任，除了可以从中学习如何分担家务之外，更可以从中学习如何与弟弟（妹妹）相处。最基本的可以让老大帮忙丢纸尿裤、唱歌给弟弟（妹妹）听、帮弟弟（妹妹）拿换洗衣服等这些老大可以容易完成的事。在孩子当完你的小帮手后，请抱抱他并且告诉他："你好棒！是个很棒的大哥哥（大姐姐）了！"这样的鼓励既真实又有成就感。

当孩子有工作可以做时，他很快就会知道如何表现才能获得爸妈的赞美，当然也就能乐在其中。通过照顾别人与善待他人，学会待人处事的道理，并且从中了解自己与婴儿的差别。带孩子不只是带人，更要带孩子的心，有了老二后，不只是老大要长大，爸妈对待老大的心态也要长大，将哥哥（姐姐）当作一个可以帮忙的小帮手，而不是一个凡事依赖的小宝宝。

育儿小锦囊

当孩子又要吃奶嘴时……

不要责怪孩子又退步了，更不要嘲笑孩子，否则只会让事情变得更为复杂。当然，最重要的是，不要因此而发脾气，请记得这是孩子想要安慰自己的方式。吃奶嘴的过程可以让孩子通过吮吸获得大量的本体感觉刺激，类似拥抱的感受，也从中让孩子获得安慰，以弥补孩子想获取的拥抱。

因此，孩子会通过吸奶嘴、奶瓶、咬手指等方式，来降低自己的不安全感。过度禁止，却又无法给予孩子所需要的拥抱时，往往会导致孩子出现情绪混乱的状况。

带婴儿会耗费许多的精力，所以建议不要在最累的时候与孩子坚持，因为那时我们控制情绪的能力也会降低，就当作偶尔给孩子一些宠爱，放轻松点儿。先包容，然后再寻求解决的方式，这看起来好像是放任孩子耍赖皮，但实际上却是最有效的方式。

妹妹也没有收拾东西

——孩子对公平性的坚持

〔案例〕

小惠对于收拾东西越来越赖皮，每次妈妈都要催她好几次，还是不愿意整理。妹妹在旁边玩儿得很开心时，小惠更是变本加厉，不仅全然不配合，还故意去逗着妹妹甚至追她，惹得妈妈生气了，小惠依然跑来跑去，最后被处罚时，小惠却理直气壮地说："妹妹也没有收拾东西啊！"所以还是不愿意收拾玩具。最后，总是逼得妈妈说要将玩具送给阿财（猫咪的名字），小惠才会哭着冲过来收拾玩具。究竟是什么原因让小惠变得如此不听话？尤其是妹妹在旁边时更爱唱反调，但明明有时候她很贴心啊！

孩子为什么会这样

孩子对于公平很重视，即使是2岁的孩子，也可以察觉到公平，如果妈妈对个别孩子的要求是不一致的，就会导致冲突。孩子所谓的公平是执着于数量上的公平，且无法考虑年龄因素。例如，要姐姐收全部的玩具，但是妹妹却只需要收一个，就会导致不公平的冲突，甚至出现故意不愿意配合的情况。事实上，这并非是孩子不乖，而是对于多与少的数量概念正处在萌芽阶段。

孩子所谓的公平性

对孩子而言，公平不仅是物质上的数量，更重要的是爸妈的疼爱，特别是当妹妹占据妈妈较长时间时，孩子就会更注重物质上的公平，以此来弥补内心没有满足的失落。因此，在面对孩子之间的公平性时，千万不要将“大的就是要让小的”视为最终准则，不然可能会导致更多的冲突。

面对同工不同酬时

在一个心理学的动物实验中，当心理学家教导两只小猴子拿小石头来换食物时，使用亚克力制的笼子将两只小猴子分别关在不同的笼子中，让它们可以观察到对方。然后，当A猴子拿小石头来交换时，就给它一片小黄瓜；当B猴子拿小石头来交换时，则给它一颗葡萄。原本拿到小黄瓜很开心的A猴子在第二次又拿到小黄瓜时却会生气地丢到心理学家身上。

原因很简单，因为都是用小石头来交换，为什么B就可以换得比较好的水果？孩子对于公平的坚持也是如此，我们有没有给予孩子相同的对待？是否因为孩子是哥哥（姐姐）就给予更多的要求？

了解多与少的概念

请不要担心，孩子不是变得自私自利，而是变得聪明了。在2岁以前，孩子对于数量的概念相当模糊，只有很单纯的“有”与“无”两种，只要有，不论多少都可以，2个或5个基本上没有差别。然而，当孩子长到3岁时，对于数量的敏感度会突然进步很多，对于多与少分辨得清清楚楚，即使是少一个，孩子也会斤斤计较。正因为对数量理解的急速发展，孩子会变得越来越聪明，但也伴随着“副作用”，就是孩子变得不那么大方而且非常爱计较。

不成熟的判断

孩子对多与少的概念刚刚开始萌芽，所以还是会有出错的时候，而使爸妈觉得孩子在无理取闹。在皮亚杰的“液体守恒”实验中发现，当相同容量的水，注入同直径宽度的杯子时，孩子会将高瘦的杯子视为比较多，而将矮胖的杯子视为比较少。因此，孩子常常就会因为错误的判断而坚持己见，认为爸妈不公平、偏心。这时，请多给孩子一些包容，不要处罚孩子，孩子只是需要多一点儿的练习。

专家爸爸这样教

当孩子到了3岁，随着对于所有权、多少、大小等认知能力开始发展，对于公平性会有更多的坚持，甚至会导致家庭之间的冲突。特别是当家里多了一个弟弟或妹妹后，基本上就不太可能做到百分之百的公平，特别是与物质无关的事物。

所以，我们会不断地提醒孩子："你是哥哥（姐姐），所以要多做一些。"但这就如同老板说："你比较优秀，所以要多分摊一点儿工作。"这样的理由你能欣然接受吗？同样，对孩子来说也是如此，即使你磨破嘴皮子想要说服孩子也是徒劳无功的。

重点不是公平而是互惠。互惠是我们要引导孩子学习的事情，而不是强迫孩子接受大人所谓的"公平"。先给孩子们一样公平的工作，再引导姐姐多做一些，如帮助妹妹完成任务，才是比较正确的方向。

第一阶段　不将"公平"挂在嘴边

当有两个孩子之后，生怕自己不能公正地对待孩子，又不想让孩子感觉偏心的爸妈很自然地会将"公平"两个字挂在嘴边。如："你要给妹妹一个，这样才公平哦！""一人一个才公平！""不可以一个人全部吃掉才公平。"……

然而，在无形之中却也加深孩子对于公平的坚持，让孩子在面临自己觉得不公平的状况时，出现行为上的抗拒。改变大人比改变孩子来得快速，毕竟我们已经可以控制自己的情绪，所以大人先练习减少强调公平的频率，通常就会快速地产生效果。

第二阶段　以弟弟（妹妹）的能力为基准

当请孩子一起帮忙时，请以弟弟（妹妹）可以做到的范围为基准，这样就可以暂时避开因为公平而导致的冲突。如果老二只能将玩具放进盒子中，那么对老大也应该做相同的要求，这样才能让两个人都愿意一起收拾，这是我们要求孩子一起做的第一步。

倘若一开始就给予孩子复杂的条件，如严格要求孩子将玩具分类收好，不可以全部丢在一起，结果因为妹妹做不到，而变得只剩下姐姐一个人在收拾，反而会使姐姐更不愿意收拾玩具。对孩子而言，习惯是很容易养成的，所以当老大和老二愿意一起收拾玩具，并且养成习惯之后，很快地，请老大帮忙做事情时他就不会拖拖拉拉了。最初孩子不愿意配合，常常是因为我们一直以老大的能力作为基准，结果使老二一直在旁边看，导致孩子不愿意做。所以，最重要的是，先培养孩子的责任感，而不是急于教导孩子分辨公平性，先让孩子愿意做，比是否公平重要得多。

第三阶段　引导孩子学会互惠

公平与互惠是一体的两面，过度强调公平，往往会伴随更多的争执。不要用“你是姐姐，所以要帮助妹妹”的说法，以免使孩子抗拒，虽然在父母的要求下，孩子还是会勉强配合，但久而久之就会变得被动，非得要拖到最后一刻才愿意去做。

礼让是需要学习与鼓励的，不要吝啬给予老大鼓励。通过爸妈赞美老大“成熟”的举动，让孩子更愿意尝试帮助妹妹，如：“姐姐做得好快，再帮妈妈做一些！”“姐姐今天好棒，帮妹妹拿书包，妹妹一定很喜欢姐姐！”“姐姐真的长大了，是妈妈的好帮手！”

在生活中，仔细观察孩子之间的互动，若老大出现贴心的举动，一定要及时称赞，孩子会对爸妈的细心观察感到惊讶，也因为感受到被人重视，而更愿意重复友爱的行为。

育儿小锦囊

当孩子抱怨不公平时……

请不要担心孩子变得自私自利，也不要责怪孩子不会照顾弟弟（妹妹），将一项大帽子硬扣在孩子的头上。强调公平是孩子的天性，特别是在兄弟姐妹之间，因此在鼓励孩子时请暂时避开提及弟弟或妹妹。例如说：“你好棒哦！帮妈妈一个忙好吗？”而不是说：“你帮妹妹把玩具都收起来。”前面的说法孩子通常比较愿意配合，因为另一个孩子通常是孩子竞争的对象，所以越是提到要帮竞争对手，孩子就越容易出现情绪上的抗拒。

礼让是一种习惯，先让孩子习惯当爸妈的小帮手，他很自然地就会当弟弟（妹妹）的大帮手。

妹妹一生气就咬人
——孩子的攻击行为

〔案例〕

小惠越来越会和妹妹玩儿了，也常常想拿水果给妹妹吃，之前相处都还不错，很照顾妹妹。妹妹也非常喜欢小惠，常常会紧紧地抱着姐姐，连出去逛街都要牵着姐姐的手才愿意走路。但是，最近不知道为什么，小惠和妹妹一起玩扮家家酒时，妹妹居然在小惠的手臂上狠狠地咬了一大口。小惠第一次被咬的时候还不敢哭，好像有点儿不敢相信的样子，结果妹妹又追上去想要咬姐姐的肩膀，小惠才被吓得哭起来。

这样的状况在两个人一起玩游戏的时候逐渐变多，妹妹想要抢着玩儿时，就会突然咬小惠一口，这让妈妈非常担心，妹妹是不是有暴力倾向，为什么会攻击姐姐？是不是应该处罚她？该怎么和妹妹沟通呢？

孩子为什么会这样

攻击行为的定义为儿童打人、骂人、推人、踢人、抢别人的东西（或玩具）等行为，它是一种儿童因为欲望得不到满足，采取有害他人、毁坏物品的行为。

心理学家研究发现，儿童在2岁末便开始表现出最早的攻击性行为，而在3~6岁出现第一个高峰，10~11岁出现第二个高峰，一般男孩强于女孩。攻击行为通常不会无故发生，而是在孩子面临冲突却没有能力解决时，才会出现的情况。适时介入避免孩子使用错误的方式就显得相当重要，对于攻击行为，不可以姑息，但也不必责骂。很多时候，处罚是必要的，但是必须避免发脾气式的责骂。

攻击是一种本能

当面临危险时，为了要维持生存，人会出现逃跑与攻击的反应。因此，攻击可以算是维持生存的一种本能，用以保护自己免于受到生存的威胁。

所以，当孩子觉得受到侵犯、感受到威胁时，就会出现攻击的举动，但这并非是指孩子有暴力倾向，而是受到情绪波动的干扰所引发的行为。这时，最重要的不是处罚，而是应设法减少孩子的情绪波动，并且教给孩子正确的处理方式。请千万不要给孩子贴上“个性不好”的标签。

表达不清就“攻击”

2~3岁的孩子，虽然已经会说话了，但毕竟还没有办法百分之百地表达自己的感受，特别是情绪。孩子会出现攻击行为，最常见的原因是说不清楚，无法将自己想要表达的事情说出来，但是自己的东西眼看就要被拿走了，情急之下就咬下去或推下去。

当然，很多时候对错很难说，但是只要动手伤害到别人，就会导致孩子被责骂或处罚。特别是2~3岁的孩子，对于物品的所有权特别重视，因此特别容易出现攻击行为。

气话比打还要痛

很凶地责骂孩子，不打孩子，真的会比较好吗？事实上，气话对孩子的伤害更大，会伤了他的自尊心。建议父母在处理上要特别小心，可以处罚孩子，但是请不要在气头上，否则容易衍生更多意想不到的问题。

特别是当孩子承受着负面情绪时，常会将怒气转移到较弱小的人身上，通过发泄来平衡自己的情绪。就像开会被老板责骂，因为不能回嘴，憋了一肚子气，回到自己的部门责骂下属是相同的道理。这种心理调适的机制，就是转移作用（Displacement）。

只是孩子并没有下属可以出气，所以倒霉的就是弟弟（妹妹）。结果父母大发脾气的处罚方式不但无法减少孩子的攻击行为，反而会使孩子承受更多的怒气，使老大与老二之间的冲突日益加重。

孩子靠模仿来学习

模仿是上天赐给孩子最好的礼物，当孩子还是婴儿时，就喜欢盯着爸妈的面容仔细地端详与模仿表情，也正因为喜欢模仿，婴儿从中学习到如何控制自己的口型，而渐渐地学会说话，从一个只会喃喃发音的婴儿，转眼间变成滔滔不绝的小大人。

同样，当我们经常露出很生气的表情时，孩子也会百分之百模仿，结果，不仅没有通过表情来提醒孩子停止不适当的行为，还让孩子学习到过于强烈的表情。

孩子就像海绵一般，努力学习身边的所有事物，但是却缺乏分辨能力，因此，建议父母在带孩子时，不要在孩子面前表现出过于激烈的情绪，不然孩子会模仿这些情绪，最后导致恶性循环，使孩子的攻击性变得更强烈。

当孩子有攻击行为时，我们需要做的是制止，而不是对孩子生气。用实际的行为让孩子了解应该做的事情，但不是情绪的反应，只有这样才能正确地引导孩子。

专家爸爸这样教

2岁左右的孩子，在思考的特质上以自我为中心，所以不会考虑他人的感受，动作反应是非常直觉的，想要的就会去抢。孩子并非是恶意地想要打人，让别人身体受伤，而是用打人来当作工具，让自己可以获得想要的玩具。3～4岁时，随着孩子表达能力的增强，渐渐地学会如何沟通与协调后，攻击行为就会慢慢地减少。

攻击行为可以视为一个成长的过渡阶段，不用过度担心孩子学坏了或是在教养上出了什么问题，更不可以过度处罚。在协助孩子的过程中，最重要的就是爸妈之间必须有一致性，千万不要一个觉得还可以，另一个却觉得要严格处罚，以免孩子搞不清楚到底应该如何做。

请不要给孩子贴上“个性不好”的标签，而是找出孩子在哪种情况下容易出现攻击行为，然后帮孩子避开这些冲突，才是比较好的方式，毕竟孩子还没办法自己决定活动，还不会跟同伴讨论，所以此时我们最需要做的就是预防。

第一阶段　预防冲突的发生

如果孩子的攻击行为一直出现在特定的事件或人物上，父母不应在孩子违规后突然跳出来处罚，而是应该帮孩子减少问题发生的可能性。例如，孩子在玩玩具时，特别容易出现攻击他人的行为，这时就必须暂时有爸妈在旁边陪伴，居中担任协调者以减少不适当行为可能发生的机会。基本上，当孩子持续两周没有攻击行为时，孩子往往就会忘记这样的不适当行为了。

此外，孩子无法了解自己的体力极限，常常会玩儿得太开心，如果爸妈没有帮忙控制，孩子就会出现由于体力透支而使情绪控制能力变弱的情况，结果往往是高高兴兴地出门，哭哭啼啼地回家。请帮孩子控制活动的时间，特别是应该以弟弟或妹妹的体力为基准，不要让孩子过于疲劳以减少情绪起伏。

第二阶段　营造良好的气氛

在高度压力的情境下容易诱发孩子的情绪波动，更容易导致攻击行为，所以，营造良好的家庭气氛是十分重要的。暂时减少对孩子的责备，并观察是否有其他导致孩子压力的情况发生，例如，戒纸尿裤、上学等，以减少孩子的心理压力。对孩子而言，最大的压力莫过于爸妈之间的争吵，当然在夫妻沟通的过程中，难免会有各自的主张，但请记得绝对不要在孩子面前争执。

对孩子来说，只要可以黏在爸妈身上就能获得安全与安慰。不妨通过睡前故事的时间，使用绘本来引导孩子认识不同的情绪与自己的感觉，例如：“当生气时我的胸口都会热热的，嘴巴好像会喷火，大声说出一些不好听的话……”通过绘本生动的图画与故事，引导孩子学习表达自己的感受及爸妈对他的期许，那么下次当孩子陷入情绪时，会更明白自己应该做哪些事情，才会被爸妈赞美，那么就会更愿意配合了。

第三阶段　使用暂时隔离法

如果孩子依然有明显的攻击行为，该如何处理？处罚是必需的，但并非是使用打骂的方式，相反，应采用隔离的方式剥夺孩子参与活动的机会，直到他的情绪平静下来为止。通过让孩子“坐冷板凳”的过程，不仅可以防止孩子继续犯错，也可以缓和大人的情绪。

在选择暂停区时，浴室（卫生间）是最不适合的地方，因为里面有太多可以玩儿的东西。所谓的“隔离”并非是要将孩子关在房间里，而是在家中选择一个安全的区域，放上一个小椅子，让孩子坐在上面等待。最初，孩子通常不愿意配合，爸妈可以先在椅子旁边陪着，通过行动让孩子了解——当犯错后，必须在暂停区等待，直到不哭不闹之后才可以离开。当孩子被暂停时，请不要急着和孩子解释原因，不然就没有了“坐冷板凳”的效果。

让孩子在安全的地方等待，通过一段时间不理不睬的冷静处理，才能真正惩罚他的攻击行为，等他冷静后再解释原因，如此，孩子才能真正听得进去大人说的道理。帮助孩子察觉自己所犯的错误，才是我们要教孩子学习的事情。

育儿小锦囊

当孩子咬别人家的小孩时……

当游戏时，孩子咬了别人家的小孩，问题就变得更加复杂。这时爸妈必须面对对方家长的指责，所以倍感压力。这时，父母不要比孩子还要紧张，或是急着向对方道歉，而是当作一次教育机会，先将两个小孩分开，让彼此冷静一下。

首先，并不是指责孩子咬人，而是先帮孩子把他的欲望说出来，并且认同他的想法；接着，说明应该如何做才是正确的，通过先理解、后讲理的方式，孩子很快就会平静下来。

当孩子情绪平复后，牵着孩子的手说：“妈妈陪着你，去跟小朋友的妈妈说‘对不起’。”请不要强迫孩子一定要大声地说出来，很多孩子知道自己犯错时，反而会紧张得说不出话来，所以，可以请孩子点点头表示道歉就可以了。

我是姐姐，不是妹妹

——孩子的自我概念

〔案例〕

小惠3岁大了，说话越来越清楚，会做的事情也越来越多，如自己吃饭、穿衣服、收拾玩具，就像一个小大人，或许是因为奶奶在吃饭的时候，常常会说：“要多吃一点儿，乖乖吃饭就会变成大人哦！”但是，有时候小惠却又会突然拗在那里，甚至是哭闹起来，一直说：“我不是小孩，是大人。”有时候，甚至是很熟的阿姨称赞小惠：“好可爱的妹妹哦！”小惠就会突然眼光泛泪呜咽着说：“我是姐姐，不是妹妹。”小惠究竟为什么突然之间变得那么的爱哭又固执呢？

孩子为什么会这样

固执不是捣蛋，而是孩子自我概念发展的象征，而在一岁半至三岁之间，更是孩子自我概念发展的关键时期。从与爸妈的互动中，渐渐了解自己与他人之间的区别，而从坚持己见的过程中确定自我的存在。这时，孩子期望自己可以像爸妈一样而模仿大人的一举一动，对于长大非常执着。

认识“我”是谁

当孩子还是小婴儿时，会通过吃手、吃脚等来认识自己的身体；八九个月大以后，更会喜欢看镜子，通过视觉进一步地认识自己；一岁时，通过探索自己的身体，开始认识身体部位的名称，对于自己身体的形象开始有最基本的了解。在一岁半之后，通过认识自己的身体，帮助他了解自己并建立“自我认同”。孩子对于“自我”开始萌芽，在了解“我”是谁后，对于他人的评价就会变得敏感，所以容易以为被责备而哭闹。

我要快长大

由于在乎爸妈给予的评价，因此孩子迫不及待地想要长大、变成很棒的大人。这时，孩子的偶像就是爸妈，通过无时无刻的模仿，期待自己是一个大人。3岁的孩子在探索与学习中学会越来越多的技巧，通过模仿的过程越来越像一个大人，也从中发展出自信心。正因为如此，孩子非常在意自己是不是小孩子，且迫不及待地想要长大。

抽象理解的发展

孩子在探索自己身体的过程中，和爸妈比手掌、比脚丫、比鞋子，从中察觉到大、小之间的差距。并且随着自我概念的发展，孩子也知道了自己与爸妈之间的区别。对于大小、多少、强弱的相对概念也渐渐发展出来。偶尔会出现不成熟的误解，将妹妹、小的、宝宝归类为负面的、幼稚的，而误认为大人是在批评他。由于在语句上面的误解，而导致对于语句的过度执着，进而出现固执的情况，这种现象常常在两岁半至三岁的孩子身上看到。

坚持己见

由于孩子想要表达自己已经是独立的人，拥有控制自己的权利，所以就会出现坚持己见的行为。有时会表达出与父母相反的意见，或坚持一定要拿到玩具才肯罢手，常常会伴随激烈的哭闹来表达个人意愿，让爸妈感到头痛。但这个过渡阶段就是孩子在培养自己的独立性，进行让自己的主张不会轻易为人动摇的练习，日后才不会人云亦云。在不伤害别人或危及安全的前提下，给孩子自主与练习的机会，教导孩子如何在不影响他人的情况下做自己的主人，孩子的固执与叛逆行为很快就会消失。

专家爸爸这样教

孩子期望自己快点儿长大是一件好事情，大人应先调整心态，了解孩子的想法，尊重孩子的感受，认为孩子长大了，想要成为独当一面的小哥哥（小姐姐）是好事；尊重孩子对于语句的执着，引导孩子做出符合的行为才是最重要的。不要先入为主地认定孩子是唱反调，而是他想要表达“我已经长大了”。

第一阶段　尊重孩子对称呼的坚持

孩子不是闹脾气，而是暂时无法理解，所以不妨顺着孩子，暂时将语言避开，避免正面冲突。例如，将“小”帮手改成“大”帮手，这样就会好很多。

事实上，不仅仅是孩子会有这样的感受，就连我们大人也是一样。如果你升成了经理，但大家却还是称你为主管，你也会不开心。同样，当弟弟（妹妹）出生后，我们期望孩子可以当一个称职的哥哥（姐姐）时，也要尊重孩子对称呼的坚持，这才是合理的做法。

当孩子不希望你称她为“小妹妹”时，请帮她告诉周遭的亲朋好友，称她为“姐姐”。特别要注意，不要故意一直叫她“小妹妹”，不然只会让孩子变得越来越固执。

第二阶段　练习自己做主的机会

给予孩子选择的机会，而不是由我们帮孩子做好全部的决定，通过让孩子参与部分的决定，让孩子练习自己做决策。就如同我们去采买服装，如果店员拼命地推销一件衣服，常常会让我们有强迫中奖的感觉；但是，如果有两件让我们选择、比较，感觉就好多了。因为，自己做决定会让我们产生安心感，孩子的感受也是如此。

给予孩子做决定的权利，允许他有犯错的机会，但不要处罚或苛责，而是当作教育机会。当孩子做错选择时，也不要随口说出：“看吧！就跟你说，你就不听。”如此反而会让孩子变得更没自信，更容易闹情绪。因为毕竟选项是我们给的不是吗？他只是选择其中一项而已。数落孩子只会让孩子更不接受我们的提议，更坚持自己的想法，变得更固执。

孩子之所以无法做出正确的决定，常常是因为预期能力尚未成熟。当孩子犯错时，给孩子适当的安慰与鼓励，教导孩子应该如何做出较好的决定，让孩子有更多机会练习，日后他自然就能做出正确的决定。

第三阶段　分辨紧急与一般状况

自主必须有界线与范围，当面对与安全有关的议题时，大人就必须显露权威，明确地禁止孩子，要他立即停止。

在紧急情况下，他必须学会妥协，没有任何理由，因为这可能会导致受伤。紧急情况只可以偶尔一用，不然，孩子很快就会把它当耳边风。

在对4岁以下的孩子解释时，请不要用负面教材作示范，因为此时孩子通常处于模仿阶段，在很认真地学习时，容易忘记你说的这些是不可以做的，导致孩子误会，反而做出不适当的行为。效果最好的方法是直接向孩子示范我们希望他做的正确的事情。

育儿小锦囊

坚持不是小弟弟（小妹妹）而哭闹时……

请不要责备孩子，更不要嘲笑孩子，否则只会让情况变得更糟。孩子常常因为误解别人说话的意思，以为别人是在嘲笑他，所以感到委屈而难过，而不是故意在捣蛋。这时不妨教导孩子，有礼貌地响应：“我已经3岁了，是姐姐了。”

孩子无法表达自己的想法时常会导致情绪上的冲突，当孩子学会如何对答时，就可以满足对自己的认同，只要经过一两次的锻炼后，情况就会慢慢地改善了。

PART3

培养社会化

爸妈下课记得来接我

——孩子的时间概念

〔案例〕

小惠开始上幼儿园的第一天，一大早就起来穿制服，在妹妹面前展示一番，宣告自己已经长大了，可以上幼儿园了。出门时，还不忘吩咐妹妹："要乖乖待在家里哦！"第一周的表现真的超乎妈妈的预期，非常良好，没有任何的不适应。但突然间，小惠变得有点儿闷闷不乐，也不愿意跟妈妈说幼儿园的事情，甚至还会抱着妈妈小声地说："妈妈，下课后一定要记得来接我哦！"听得妈妈都想哭了，究竟小惠是在幼儿园不开心、不适应，还是被人欺负了？这让妈妈越想越担心，也对于那么早就送小惠去上幼儿园而感到愧疚，小惠究竟为何会一再叮咛妈妈要准时接她呢？

孩子为什么会这样

当面临这个问题时，请爸妈不要过度解读孩子的话，因为孩子对于“时间概念”（temporal concept）与成人并不相同，毕竟时间是抽象的，既看不到又摸不着，因此孩子对于准时的判断容易受到心情的影响，并非实际上的一分一秒。在皮亚杰对儿童认知能力的研究中推论，孩子的时间概念最先发展出的为时间顺序，即具有排列出事情发生先后的能力，换句话说，孩子认知中的时间并非是时钟上面的数字，而是一件一件事情的顺序组合。例如，当他在幼儿园做完一天该做的所有事情之后，即使还没有到下课时间，他也会以为在幼儿园的一天已经结束，会迫不及待地准备下课回家。

当时间改变时

当孩子进入幼儿园时，对他而言就如同一场大冒险，从熟悉的家里到一个全新未知的环境，虽然老师很有爱心，但是孩子必然需要一些时间才能适应。这时，爸妈最需要的就是信任，相信自己的宝贝有足够的能力应付这个全新的挑战；千万不要过度反应，乱了自己的步调，让孩子也变得紧张。

当生活周期改变，孩子无法预期之后需要做什么时，就会感到不安。那种不知道下一步究竟该做什么事情，犹如悬吊在空中踩不着地的感觉会让孩子在情绪上产生抗拒。孩子比我们想象的更聪明，也喜欢规律可预测的生活周期，课程越是单纯、固定、变化少，孩子越会感到安心。倘若每天的课程都安排得非常丰富、变化度高，孩子反而需要更长的时间来适应。

说不清楚发生了什么事

在孩子3～6岁时时间概念开始发展，在4岁时就已经有“预测未来”的能力。但是，对于过去的时间概念却是相当模糊的，只要是发生过的事一概都用“昨天”来表示。所以，常常会出现明明是早上吃的蛋糕，孩子却会很高兴地说：“我昨天吃了蛋糕。”由于对于过去的时间在定位上较为混淆，因此孩子也不太能说清楚在幼儿园事情发生的顺序，导致爸妈询问孩子在幼儿园发生过的事情时产生混乱。这时请不要强迫孩子说，这样反而会让孩子感到压力，变得过度担心自己是否没有做好而更加紧张。直接请老师帮忙注意孩子在幼儿园中的细节，看看是否与同学发生争执误解或不适应的情况，反而是比较好的选择。

会发生什么事情呢

孩子从3岁开始，通过生活经验而渐渐地发展出时间概念，说话时也会渐渐地出现与时间有关的词汇，如早上、晚上、今天、昨天、以后、下一次等，并且对于会反复出现的事情开始有了周期的概念，也变得越来越能“预测未来”。在3岁时，孩子的周期以日来计算，可以了解每天固定发生的事情，常常会说白天、天黑、早上、晚上。随着能力的增长，孩子在4～5岁时开始可以认识周一到周日。到了6岁之后，孩子开始了解每个月发生的事件。随着孩子对于时间周期的了解，孩子越来越能了解与预测即将发生的事情，因此，对于环境适应的能力也就变得更强了。至于4岁以下的孩子，常常会因为无法预期第二天要做什么事情，需要爸妈的提醒才会感到安全，所以帮孩子熟悉一周的课程安排，会让孩子更容易适应新的生活周期。

什么时候该回家

当孩子在幼儿园完成吃午饭、睡午觉、玩游戏等所有的事情之后，孩子顺理成章地就会知道要准备收拾书包，接下来就会开始期待放学回家。但是如果这时有一点点的变动，孩子就会出现焦虑或紧张的情况。对于大人而言，时间是非常客观的，每天就是24小时，绝对不会多一分或少一秒，但是对于儿童而言，时间的长短却与情绪相关。对于喜欢做的事情，常常再多也觉得很短；对于讨厌做的事情，却是一分钟也觉得很久，所以常常导致孩子在时间判断上出现困扰。在心理学的研究中，将时间分为“物理时间”与“心理时间”两种，孩子在6岁之前，是以“心理时间”为主，所以当孩子的同学被他妈妈接走后，孩子就迫不及待地期望自己的妈妈立即出现，即使是短短的5分钟，对他而言也如同一小时般漫长。

专家爸爸这样教

由于现实因素，目前绝大多数家庭的夫妻都需要工作，加上工作时间多半与幼儿园上下学的时间不一致，所以，接送孩子常常会成为许多父母的困扰。虽然我们都想要准时去接孩子，但是经常因为工作上无法预期的因素，导致无法如期地做到，而不知不觉地就变成了孩子心中“骗人的爸妈”。孩子非常重视爸妈的承诺，也因此请实话实说，而不是一味地配合孩子的期许，这样反而会让孩子感到失落而越来越焦虑。

第一阶段　准时接孩子下课

一定要早一点儿接孩子回家吗？其实这不是重点，重要的是准时与固定。正如同之前提及的，孩子不会看时钟但生理时钟却非常准确，时间越固定，孩子就越容易养成习惯。不要急着承诺孩子会按照孩子的期望提早去接他，但却忽略了自己是否可以准时的现实因素；事实上，时早时晚地去接孩子，反而更容易让孩子混淆，而产生焦虑的情况。记得在接孩子之前，预留一点儿缓冲时间，即使有突发状况需要处理，也不会手忙脚乱。在接孩子时，请保持心情愉快，让孩子知道你是很开心地来接他下课，不要让孩子误认为 “爸妈不想来接我”，使他对于放学回家感到焦躁不安。

第二阶段　挑一天让爸爸接孩子

孩子是用事情来记忆时间的，像3岁的孩子虽然不会准确地说出上午或下午，但是如果幼儿园的午餐是用红碗装而点心是用绿碗装，问孩子是用哪一个碗吃东西时发生的事，孩子通常可以正确回答。建议不妨在一周中选择一天固定下来让爸爸或爸妈两人一起去接孩子，让孩子期待这一天的到来。通过这样的方式，帮助孩子创造出一个鲜明的时间点，更可以帮助孩子了解时间的概念；孩子慢慢地就会察觉到所有的事情都会周期性地重复发生，从中了解与预测一周当中可能会发生的事情，进而更容易适应幼儿园的生活。

第三阶段　一起来认识时间

带着孩子认识“周”的时间概念。最初，孩子最容易记得周五，因为到了周五就放假了，可以待在他觉得最舒适的家里。当然，接下来会记得的就是得去上幼儿园的周一。帮孩子在一周的每一天建立一个时间点，让孩子通过特定的活动认识周一到周日。

随着孩子对于数字先后顺序的理解，当孩子5岁时就可以进一步地教导孩子看时间，并将事件与时间相结合，例如，早上7点起床、8点出门，晚上7点洗澡、9点睡觉，帮助孩子建立“时间表”的概念。但是必须记得，大班的孩子通常只能准确地辨别时钟上的整点，但是对于半点就容易感到困惑，所以不要要求孩子准确地说出几点几分，这样反而会让孩子不愿意和你说时间。

很多时候，我们都忘记自己小时候也弄不清楚时间，而用大人的眼光来看孩子。仔细回想我们小时候，究竟是从什么时候才开始会准确地看时钟呢？你会很惊讶地发现，是在7岁左右，也就是小学一年级才学会，所以请多一点儿耐心，带着孩子一起长大。

育儿小锦囊

当孩子不愿意等一下时……

“等一下”究竟是多久呢？是1分钟、3分钟、5分钟、10分钟？对于绝大多数的成人所谓的“一下”，通常是5～10分钟，然而在研究上发现，幼儿对于“等一下”的认知，绝大多数是在1分钟左右。也就是说，如果需要等待3分钟以上，那就是“很久”而不是“一下”。当你超过3分钟没有给孩子响应时，请不要和孩子说“等一下”，否则孩子就会对“等一下”这句话变得越来越不愿意配合了。

这时，可以用更具体的方式来让孩子配合，例如，“这首歌结束”“数到一百”“串完这条串珠”等，更能让孩子了解要等待多久才能得到妈妈的注意与关心。当孩子已经清楚认识数字时，就可以引导孩子直接看时钟上面的数字，例如，“长针走到6的时候才可以吃”，这样会比你说“等一下”更加有用。

没有人跟我玩儿

——儿童的人际困扰

〔案例〕

小惠这几天在洗澡的时候无意间说：“妈妈，都没有人要跟我玩儿。”虽然小惠说的时候一派轻松，但妈妈却感到非常焦虑。只是因为时间已经不早了，也不方便给幼儿园老师打电话。第二天一大早，妈妈立刻打电话询问老师，没想到老师听了却只是温和地回答说：“不会啊！小惠跟别人一起玩儿，而且玩儿得很开心。”但是，妈妈还是很担心，决定下午请假去幼儿园看看，顺便提早接小惠回家。妈妈到了幼儿园时，小惠刚吃完点心正跟一群小朋友在玩扮家家酒，也笑得很开心，妈妈这才安心。小惠究竟为什么会觉得都没有人跟她玩儿呢？

孩子为什么会这样

孩子对于环境的适应能力有限，特别是在不熟悉的情况时，孩子就会显得较为退缩。当孩子孤零零地躲在一旁自己做事情时，常常会让家长很担心，孩子是不是在人际互动上出现了问题？以后会不会变得很孤僻？没有朋友怎么办？实际上，除了孩子天生的气质因素之外，孩子在人际互动的发展上大多遵循着一定的发展历程，爸妈不需要过度担心，以免将紧张的情绪传染给孩子，让孩子变得更加抗拒。

儿童社会性游戏发展阶段

阶段	年龄	发展阶段
1	0～1岁半	游离在外
2	1岁半～2岁	旁观行为
3	2岁～2岁半	单独游戏
4	2岁半～3岁半	平行游戏
5	3岁半～4岁半	协同游戏
6	4岁半～6岁	合作游戏
7	6岁以上	规则游戏

喜欢自己玩儿吗

在观察统计上，2岁之前的孩子常常是自己玩自己的，虽然老师在前面上课，但孩子经常是自顾自地玩儿，偶尔会想要参与活动，但是不会太持久。到了3岁时，孩子开始对于同伴一起玩儿越来越有兴趣，但常是在玩同一种玩具，两个人却犹如平行线没有太多的交集，只是自己做着自己的事情。直到4岁之后，孩子才会在游戏中开始有大量的对话与互动，就像聊天一般的开心玩儿。因此，过早要求孩子加入团体，只会增加孩子的压力，反而会让孩子更加抗拒。

不是我的可以拿吗

孩子在家中熟悉的方式，在团体中突然变得不管用了。对孩子而言，家里所有的玩具都是他的，但在团体中却不是如此，那么究竟可以玩儿还是不可以玩儿？这种突然改变的冲突，会让孩子感到困惑而变得犹豫不决，也因为对规则的不确定性，会让孩子变得容易紧张。当孩子鼓起勇气去拿想要的玩具、书籍却遭受拒绝的时候，孩子就会退缩而不敢再次尝试。

越鼓励越胆小吗

鼓励孩子加入团体一起玩儿，会让孩子感到压力，常常越鼓励越胆小。孩子对于语句的理解尚未成熟，偶尔会出现暂时性的错误理解，将爸妈的鼓励与可怕的情况相联系，因为每次爸妈说加油后就会出现一些困难的活动。所以，当孩子比较胆小时，爸妈也应尽量放轻松，减少鼓励、假装没事，反而会让孩子表现得比较好。

不知道如何开口

孩子明明就和同学玩儿得很开心，却还是会说：“都没有人跟我玩儿。”孩子是否在说谎，故意要引起爸妈的注意？不是的！孩子想表达的是：“我想要同学玩我想要玩的游戏。”孩子从4岁开始，就会想要控制环境，要求别人配合他的需求，但是有时成功、有时失败，但也是通过这样反复的练习，孩子才会渐渐地学习如何请求别人配合。这时，孩子遇到的问题是不知道如何开口邀请别人一起玩儿，所以只好等别人来邀请他一起玩儿，但玩的活动并非是他想玩的，所以会在中间出现冲突的感受。

妹妹都不听我的

过度要求孩子要让着弟弟妹妹，结果每次和弟弟妹妹相处时，都要配合弟弟妹妹；但是，想要带着弟弟妹妹做自己想玩的游戏时，弟弟妹妹都不愿意配合。由于在生活中积累了过多被拒绝的挫折经验，而让孩子失去信心去要求别人配合，所以，在团体中就显得被动，而不会主动要求别人，只是一味地配合别人。这时，父母适时调整对待孩子的方式，暂时减少要求礼让弟弟、妹妹，让孩子在生活中先获得正向经验，他才会愿意在幼儿园尝试。

专家爸爸这样教

在2岁以后，人际关系不好的孩子不一定是有人际问题，通常只是人际交往技巧不够成熟，所以父母不要过度紧张，拼命带着孩子参加各种不同的团体课程，期望让孩子有更多的人际互动经验。如此易导致孩子认识的陌生人越来越多，熟人的比例却越来越少，进而使得孩子更胆小。害羞的孩子通常比较敏感，对于一点点的变化都会过于焦虑，这时，增加孩子的熟人数目与成功经验，才是让孩子变得胆大的关键。

基本上，孩子在4岁以前，往往还无法百分之百做到与别人合作，需要在大人或哥哥姐姐的协助之下才能完成，所以不要过度苛责孩子。到4岁之后，如果孩子依然在人多时会出现抗拒的情况，才需要爸妈与老师的协助，这时我们可以使用一些简单的方式来引导孩子。

第一阶段　减少大人的引导

在幼儿园里大多是年龄相仿的幼儿，故通常都是由大人来负责指派游戏，不过，实际上却是“异龄团体”较为符合真实的生活情境，就像一个大家族的孩子，常常同时有年龄不同的孩子在一起玩儿；当不同年龄的孩子一起玩时，就会由年龄大的“孩子王”来引导大家如何一起玩儿，经过哥哥姐姐的示范，孩子才会渐渐了解设计游戏、指派活动的技巧。而通过模仿的过程，孩子很快就能运用到自己的生活当中，比如，如何在同伴之中安排与指导其他人。帮孩子找到有礼貌的哥哥姐姐，带着孩子在游戏中学习，效果会比父母大量的鼓励要好得多。

第二阶段　让孩子练习示范

安排孩子百分百可以成功或是十分熟练的活动，让孩子练习当老师的小帮手示范给其他的孩子看。通过适当的安排，让孩子练习当示范组，一来可以增加孩子的表达意愿，二来可以让孩子获得成就感，孩子自然就会愿意指导别人。在这个过程中要特别注意，若是新活动则不需要刻意请孩子示范，以免孩子因为不熟悉出现抗拒的情况；或者也可以请老师通知在幼儿园可能会有的新活动，与孩子在家里事前先排练，让孩子有预习的机会。

第三阶段　邀请同学来玩儿

每当生日或节庆时即是绝佳的时机点，让孩子有机会练习邀请好朋友到家里玩儿。为了增加孩子的动机，爸妈需要预先做一些小小的准备来帮助孩子，使第一次邀约就可以成功。例如，带着孩子一起做邀请卡，让孩子有期待，以及若孩子在邀请时说得不流畅，就可以用邀请卡来邀约，只要将卡片发给小朋友，就算大功告成了。让孩子了解通过有礼貌的邀请而不是命令别人配合，也可以达到相同的目的，孩子很自然地就会知道互动的技巧。

育儿小锦囊

当孩子不愿意进入活动时……

记得提醒自己，孩子需要一点儿时间来适应，请给孩子“10分钟”。这时千万不要说：“如果你不玩儿，我们就回家。”“你就是这个样子，下次不带你来了。”……这样只会让孩子更加焦虑，更不敢离开你身边。爸妈只需耐心地陪伴孩子在一旁看，引导孩子观察别人，了解别人在玩什么，孩子很快就会想要去一起玩儿了。

当孩子准备离开爸妈身边但却又显得犹豫时，请记得柔声地说：“爸爸妈妈会在这里等你。”这样短短的一句话，对孩子而言比任何的鼓励都有用！

同学打我，我可以打回去吗
——谈自我保护

〔案例〕

小惠非常喜欢妹妹小瑜，虽然在家难免会因为玩具起小争执，但只要她拿东西一定会记得帮妹妹拿一份。绝大多数的时候，小惠都像一个大姐姐一样，当妹妹哭闹着要抢时都会让着妹妹。甚至有一次被妹妹咬了一口，小惠居然也不知道躲，只是在原地大哭。或许是因为这个原因，小惠在幼儿园时也是如此，在游戏区排队时被同学推倒在地脚受伤，居然也没有做出任何反应，就自己默默地离开了。被同学打了究竟应该怎么处理，该叫孩子忍耐，还是叫孩子打回去？

孩子为什么会这样

团体生活与家庭生活有着不同的界线与规范，然而这对孩子而言，却是相当复杂的概念。虽然我们经常对孩子强调要尊重别人，但尊重自己、保护自己也同等重要。所谓的保护自己并不是强调以牙还牙，而是引导孩子使用适当的策略来保护自己。

孩子为什么不还手

当一个人受到威胁时，大脑自动会启动攻击与逃跑反应，也就是选择立即反击或是逃避离开。绝大多数孩子在面临威胁时都会选择逃跑而不是攻击，除非在无法逃避时，才会反击。

以牙还牙，打回去好吗

当孩子被欺负时，不仅是孩子受到伤害，很多时候爸妈受到的情绪冲击更强，毕竟是宝贝受到欺负，很自然地就会引起大人的情绪反应，而会不由自主地回答："那就打回去！"但这真的好吗？会不会是在教育孩子："只要别人让你不舒服，你就可以打人。"事实上，建议孩子直接打回去，对孩子并没有帮助，特别是在6岁以前，孩子力量控制的能力尚未成熟，容易引发其他后续问题。

孩子需要的是支持

对孩子而言，最大的焦虑不是被人欺负，而是不被爸妈认可。当孩子说出自己被欺负而感到难过时，需要的不是批判而是支持与协助。孩子是因为觉得自己没有别人强壮，才会默默地忍受，所以当孩子鼓起勇气和你说出这件令他不好意思的事情时，你应该给予他温暖的鼓励与支持。

是在玩儿，还是被打

孩子的感受才是最重要的，特别是当冲突发生在游戏中时，孩子通常会觉得很好玩儿而不是被欺负。当孩子3岁大时会开始想要玩伴，在4岁大时则会开始有所偏好，更倾向于和同性别的孩子一起玩儿，所以当一群小男生在一起玩抱来抱去的游戏时，就容易出现过当的肢体动作。但是，在爸妈的眼里则像孩子受到了欺负，因而禁止孩子和特定的孩子一起玩儿，将大人的情绪强加在孩子身上。爸妈必须提醒自己，孩子的主观感觉才是第一位的，即使别人只有手举高、没有碰到他，但是他觉得受到威胁，也必须认真看待；同样地，如果孩子已经被打了一下，但是他觉得没有什么，就不用过度紧张。认同孩子的感受，同理孩子的感觉，孩子才会愿意说清楚究竟发生了什么事。

专家爸爸这样教

当孩子在幼儿园被欺负后，爸妈第一个直觉反应一定是保护自己的孩子，有时甚至会引发强烈的情绪反应。研究指出，当孩子处于情绪威胁时，可能会导致孩子变“笨”，因为孩子需要花费许多精力来保护自己，以免让自己碰到麻烦，这样一来哪有时间用心学习呢？所以如何保护孩子，并且教导孩子保护自己，也就很重要了。最重要的第一件事就是与老师保持正向的联系，提醒老师帮忙注意孩子的状况。

第一阶段　察觉自己的感受

察觉自己的感受，这里的“自己”指的是爸妈。当孩子受到欺负时，想保护孩子的情绪会超过我们的理智，导致不同的判断，从而给出不太正确的建议。因此，第一件事情不是生气，而是支持孩子并给予肯定，确定我们清楚传达：“当你被欺负时，跟爸妈说……”这是最正确的方式。不要突然地发脾气，以免让孩子感到恐惧，以为自己做错事情惹爸妈生气，结果下次被欺负时就不敢说了。引导孩子说明前因后果，但请注意，4岁前的孩子因为时间概念较为模糊，可能无法清楚描述，请不要过度逼问孩子，以免使孩子出现恐惧与焦虑。

第二阶段　给予老师信任

不要先入为主怀疑老师袒护打人的孩子，毕竟老师不会一直在孩子的旁边紧紧盯着，有时没有看到实际的情况，当然也就无法清楚地说明。这时，请先说出事实，例如，孩子身上有瘀青、咬痕等，请老师注意孩子是不是和同学起了冲突。如果确定是特定的小朋友，可以请老师利用分组或座位安排的方式，将两个人暂时隔开，在下次冲突发生前就制止。

第三阶段　教孩子保护自己

让孩子明白自己有说“不”的权利！通常孩子不是不会保护自己，而是不知道应该如何拒绝同学，因此虽然觉得不舒服，但却不知道该如何说“不”。教育孩子当觉得不舒服时，一定要大声地说出来，“我不喜欢”“请你离开”“你弄痛我了”“不可以打人”等。这些话看似简单，但当孩子面临威胁时，不仅可以让对方知道孩子的感受，也可引起老师与其他小朋友的注意。就像消防演习一般，让孩子预先演练，等到突发状况时孩子才不会不知所措。

育儿小锦囊

当孩子说自己被欺负时……

请提醒自己，孩子相信你，知道你可以帮助他，他才会说出来。所以，绝对不可以说：“你怎么不打回去呢？”这是一种带有责备的语气，像在责怪孩子软弱，结果不但没有安慰到孩子，反而让孩子焦虑自己是不是很没有用。再说，如果孩子下次回家说：

“妈妈，我和同学打架了。”你真的会高兴地称赞孩子吗?

这时，请先平静地肯定孩子，先说一句:“很棒哦!你会忍耐。”再引导孩子设想不同的方式，如“你有没有说‘不可以打人’”“有没有告诉老师”，和孩子一起找出最好的解决方式。

当孩子被欺负后，爸妈如何才能问清楚……

当孩子认为自己被欺负时，常常没有办法说清楚，一来可能是年龄还小，二来是情绪问题，这时爸妈问问题的技巧就很重要。不要问孩子“今天有没有人欺负你”等封闭性的问题，这样不仅容易使孩子觉得自己受到了欺负，也会让孩子感到焦虑，进而让你变得更加担心。

这时，可以换种方式问:“今天你在幼儿园里跟谁玩儿了?”“有什么好玩儿的事情发生呢?”通过这样开放式的问题，才能让我们了解孩子在幼儿园的情况。如果孩子真的有不开心的事情，就可以引导孩子想一想:“那么找谁当好朋友，会比较有趣?”

我不想上幼儿园

——孩子的上学焦虑

〔案例〕

小惠每天都很早起床，除了吃早餐外，还会有一小段时间可以和妹妹一起玩儿。但是，等到8点左右要上娃娃车时，小惠不是临时要上卫生间，就是哭闹着要戴口罩、贴创可贴、拿书包，非得哭哭啼啼地等到所有的事情都完成了，才心不甘情不愿地上车，打死也不跟妹妹说“拜拜”。妈妈每天看着小惠含着眼泪，一言不发、委屈地坐上娃娃车，深深觉得小惠好像不喜欢上幼儿园，着实让妈妈担心。妈妈甚至进一步想：这孩子会不会以后也不喜欢念书，这该怎么办呢？

孩子为什么会这样

孩子不想上幼儿园在3～6岁经常发生，特别是在长假或生病过后，这与孩子进入小学后的“拒学症”并不相同。这时，孩子常常陷入两难的纠葛情绪，一来想上幼儿园和同伴一起玩儿，二来又期望在家由父母陪伴，但由于表达能力尚未能成熟地描述情绪，常会哭闹不想上幼儿园而使爸妈感到困扰。这时，应陪伴孩子度过这个适应期，温和而坚定地让孩子知道一定要去上幼儿园，渐渐地孩子就会克服这种情绪。

我不想离开妈妈

对孩子而言，黏在妈妈身边才是最快乐的事情。特别是当妈妈陪他做很多开心的事情时，如做手工、读绘本、画画，当要上幼儿园时，势必就得离开妈妈身边而让他感到焦虑不安，因此就会尝试用各种方式来待在妈妈身边。一开始孩子可能尝试用说的方式，但没用后就会开始用拖的方式，最后就会用哭闹的方式来传达想要黏在妈妈身边的意图。

妹妹为什么可以在家

当有两个孩子时，其中一个必须上幼儿园，但是另一个却可以待在家，就会让孩子混淆：“是不是妈妈要带弟弟（妹妹）出去玩儿，所以我才要出门呢？”这样不公平的情况，会使孩子对于上幼儿园感到抗拒而引发情绪反应。对孩子而言，争取自己在爸妈心中的地位，会比表现良好重要得多，因此孩子会担心："如果我不在家，妈妈会不会更喜欢弟弟（妹妹）？"这时不妨仔细思考，是否让孩子们一起去上幼儿园，以减少孩子抗拒上幼儿园的情绪反应。

出门前的仪式行为

孩子常常在要上学前，要求东要求西，而且非常坚持一定要做全，缺少一样就不愿意出门。这些仪式化的行为，并非是要惹爸妈生气，而是孩子降低自我焦虑的一种方式，通过重复固定的事情，让自己从中间获得缓冲的方式。根据埃里克森的心理社会发展理论，这种行为特别容易发生在孩子1～3岁时，到4岁以后才会减少。事实上，即使我们大人也会如此，当我们在紧张时，也会以类似仪式化的动作来减缓压力。孩子在上幼儿园前，如果出现坚持一定要做某些事情的情况时，父母不需要过度坚持不可以，更不要先入为主地认定孩子就是故意唱反调，让孩子有自己练习控制情绪的机会。

重点不是分离，而是重聚

判断孩子是否适应幼儿园生活时，会不会哭并不是主要的依据，放学时的反应才是需要观察的点，假如放学接到孩子时，他很开心地拥抱你，那么表示孩子适应得不错。相反地，如果当你去接孩子时，他出现生气、哭闹、不理人的反应时，表示孩子在适应上可能出现了问题，必须加以注意，他是否在幼儿园碰到了其他问题，需要爸妈的协助。

突发事件的压力

当孩子遇到不顺心的事情时，虽然可能只是非常小的事情，但也可能会导致压力而使得孩子不愿意去上幼儿园。例如，幼儿园安排期末需要上台表演，最近正在彩排，而这个特殊事件就有可能影响到孩子的情绪。此外，孩子与同伴相处时，难免会出现一些小摩擦，如果只是两三天就不用太担心，但如果持续一周以上，可能就需要请老师帮忙协调。不过，经验上，孩子在幼儿园最有压力的事不是学业的学习，而是必须把不喜欢的菜吃光。

专家爸爸这样教

趋利避害是人的天性，同样地，当有陌生人出现时，孩子就会想要找妈妈陪，这是天性。基本上，在台湾地区比较建议在孩子4岁大时，再进入幼儿园的团体生活。但是，现在绝大多数的孩子都得提早在2岁多时进入托班就读，因此在适应上就比较需要爸妈与老师的耐心协助。尤其是每个孩子的天生气质不同，有些孩子特别的害羞，可预期在进入团体生活时需要较长的适应期，以及爸妈细心与耐心的协助。最重要的是爸妈态度必须一致，千万不要在孩子面前争吵，不然孩子会感到更加不安而哭闹。坚定而温和地坚持，无论如何一定要上幼儿园，等孩子回来后再给予奖励与鼓励，会是最好的选择。

第一阶段 使用正面的态度

孩子会出现哭闹或抗拒的行为，主要是表达他希望和你在一起的愿望，绝对不是想要惹你生气。因此，不仅仅是孩子在练习调适，很多时候爸妈也要调适，避免将焦虑的情绪传递给孩子。如询问孩子，“今天有没有哭”“有没有想爸爸妈妈”“有没有被人欺负”等，这些都是很容易引起孩子以哭来响应的话语。

3 ~ 4岁的孩子，虽然已经可以说很多话，但对于语句的理解仍处在发展阶段，以致常常会出现误会，建议不要在出门前和孩子说很多道理，不然孩子可能误解其中的一个字句，导致他开始哭泣。例如：“今天晚上你们要上台表演哦！有没有很开心呀！所以你今天会待得晚一点儿，放学时妈妈不会去接你哦！”原本是要鼓励孩子晚会表演要加油，结果孩子却卡在“不会去接你”这句话上，结果就导致孩子开始哭闹。爸妈态度正向，减少说明与鼓励，孩子反而可以表现得更好。

第二阶段 认识爸妈的工作

让孩子知道爸妈会在哪里，这样也可以降低孩子担心爸妈消失的恐惧。所以，让孩子了解爸妈在做什么，还有工作的地点在哪里，都可以降低孩子的压力，让孩子感到安心。可以在休假时，带着孩子到你公司附近逛逛，除了带孩子逛逛之外，也趁机让孩子了解你在做什么。这或许比你带他去吃大餐、买玩具更能鼓舞他，因为孩子清楚地知道爸妈会在哪里，他才会有勇气继续他的“探险”。

通过出游的机会，带着孩子观察不同人物工作时的情况，配合绘本的引导，让孩子认识不同职业的人在做什么事情，并且告诉孩子每一项工作的重要性，他就会了解爸爸妈妈为什么不能一直陪在他身边，而必须去工作。但是，在说明工作的重要性时务必注意，不要加深孩子的愧疚感，特别如“养你要花很多钱”“都是因为你，所以爸爸才去上班”这样的说法，以免让孩子感到更加不安与焦虑。

第三阶段　鼓励孩子“教”爸妈

鼓励孩子展现在幼儿园刚刚学会的新事物，给予赞美与鼓励，让孩子越来越愿意分享自己新学会的技能。这时，请不要过度鼓励以免让孩子骄傲，因为这时最重要的工作是让孩子喜欢去上幼儿园不是吗？切记，是让孩子教你，而不是迫不及待地教孩子。

虽然，这时孩子在幼儿园学得非常简单，但是因为可以“教”爸妈，他才能渐渐地学会和你分享幼儿园的点点滴滴。如果你忍不住要指正孩子哪里没做好，反而会破坏孩子与你分享的动机。倾听才是对孩子最好的方式。通过模仿幼儿园老师教导的方式，孩子也渐渐地体会到了学习的乐趣，而且会越来越喜欢上幼儿园。

育儿小锦囊

当孩子上幼儿园时大哭大闹……

请记得提醒自己，这是孩子希望表达他想要你陪伴的一种方式，很多时候孩子一进教室，不到三分钟就会停止哭泣了。千万不要说“如果你再哭，我就把你丢掉”“那我就不来接你了”这样的气话，这样不但无法安慰孩子，反而会让孩子变得更加焦虑。

可以通过给孩子一个你的私人物品，如手帕、小丝巾等（孩子非常清楚那个是你的才会有用），然后对他说：“这个是妈妈的宝贝，你帮妈妈保管，下课再还给我。”通过这样的方式，一来可以转移孩子的注意力，二来可以让孩子更加确信妈妈一定会来接我的。你要从心底相信孩子可以克服这样的压力，你的信任就是孩子最大的勇气。

我不想和他当朋友

——孩子间的争执

〔案例〕

小惠在幼儿园里算是比较内向的小孩，常常眼泪都会挂在眼眶里，老师常笑称：“小惠的眼泪都不用钱。”随着与幼儿园的同学越来越熟悉，渐渐地越来越少听到老师这样说了，到了晚上，小惠也会滔滔不绝地说着早上发生的事情。最常听到的名字就是“小蓉”，也就是小惠最好的朋友。但是，这天晚上妈妈和小惠聊天的时候，小惠突然很不开心地说：“我不要和小蓉做朋友！”“她才不是朋友！”但是却又说不清楚是怎么一回事，妈妈想要再仔细地问，但是看到小惠很委屈的表情，妈妈心想还是算了，不然等一下大概就不用睡觉了。所以，妈妈只好暂时忍着，等到第二天早上再打电话问老师。小惠好不容易交到好朋友，才愿意开开心心地上幼儿园，怎么会一下子又和同学吵架了呢？到早上的时候，该不会又开始闹着不上幼儿园了吧？真是越想越担心啊！

孩子为什么会这样

孩子在社会化的过程中，到了4岁之后会开始从平行游戏渐渐地转换成以协同游戏为主，因此在游戏中就必须与同伴有更多的互动，但也因彼此的坚持而有所冲突。这些虽很难避免，但冲突并非由于孩子不会礼让，而是自我主张不一致。所以，孩子就必须在一次次的练习中学习，何时可以坚持主张，何时又必须妥协，而吵架就是实验失败的回馈。不应该拿放大镜来检视正在练习技巧的孩子，就如同练习骑脚踏车一般，要给孩子安全的环境练习，而不是在一旁不停地提示。吵架是孩子互动的过程，而不是个性不好的象征，只要没有伤害到别人，就可以正向看待。

孩子吵架不记仇

孩子的争执常常是因为一些非常小的事情，例如，这个是谁的、谁是第一个、谁比较厉害、应该如何玩儿等。但他们也有一个非常重要的特质，就是来得快，去得也快。前一秒才吵得不可开交，下一秒却又牵着手一起去玩儿，就像没发生过任何事情一般。一吵架就记仇，那是大人的世界，孩子可不会这样想。只要冲突的点消失了，孩子就会放下争执，又重新玩儿在一起了。因此，如果冲突只是一时的，在一周后就能恢复正常的话，请不要不停地提醒或指导，那样反而会让孩子一直卡在争执的情绪中，更难与好朋友恢复友谊。

当好朋友和别人玩儿的时候

孩子对于好朋友的定义有时会出现误解，当好朋友和其他同学一起玩儿时，可能会感到失落。但是，因为无法适当地表达自己的感受，就容易说出“他才不是我的朋友”这样的话。实际上，他的意思并非我们想象的那么严重，只是想要传达一种失落的感受而已。当孩子在2～5岁时，玩伴常会换来换去，所以孩子多半不会在意，一直到5岁之后，才会出现固定的同伴，而容易出现这样的感受。但是，如果孩子属于害羞、不敢主动说话的个性，这样的情况就会比较明显。这时，父母或老师要帮助他们找到一起游戏的伙伴，避免让孩子在游戏时感到自己落单。

必须练习组织协调能力

当孩子到了4岁，会开始察觉到权力的存在，也会开始尝试去组织与要求别人。也就是说，在这个转变的过程中，孩子从一个小小跟屁虫渐渐地变成一个小小领袖，而好朋友就是他最佳的练习伙伴。这时孩子的内心常在坚持与妥协之间拔河，一方面想要坚持自我主张，一方面又要配合他人主张，在这两者之间摆荡，通过反复练习找出平衡点。因此孩子在冲突感之下，容易引发对于好朋友的情绪，这些都是孩子朝着下一阶段前进的必经过程。

配合是最好的方式吗

要让好朋友和自己玩儿，最好的方式就是配合别人吗？妥协的前提是互惠，也就是这次我配合你，下次你配合我。在彼此互惠之下，渐渐地就会培养出良好的默契。如果每次都是孩子百分之百地配合朋友，但对方却没有任何互惠的举动时，孩子就容易出现抗拒的行为。当面临如此的情况时，请不要一直要求孩子配合，而要引导孩子彼此互惠，才是正确的人际互动。

专家爸爸这样教

当孩子各有坚持而吵架时，常会让爸妈头疼，在家里也就算了，但是在外面和别的孩子有冲突时，就会更令人担心。但是，请不要过度介入孩子之间的冲突，一味地认定只要是吵架，就是不礼貌、不理性、不恰当的行为而加以处罚。应该正面看待吵架，看孩子是否可以从中吵出个好结果，而不只是在发脾气，那才是最重要的事。争执对孩子来说是一种经验，是练习如何运用语言来说服别人的过程。吵架也有其正面的意义，如何将这种突发状况变成一个适当的教育机会，才是我们需要注意的。

第一阶段　同理孩子的感受

当面对孩子的情绪时，第一步绝对是接纳孩子的情绪，而不是纠正孩子。倾听孩子的感受，让孩子愿意将自己的想法说出来。当听到孩子吵架时，虽然我们都会担心或忧虑，但是请记住不要皱起眉头和孩子说话，这样反而容易让孩子误会他自己做错了，而更加的忧虑。由于孩子的社交技巧还没有成熟，因此难免会和好朋友争吵，只要没有伤害到朋友，爸妈也就不用担心。在处理上，大人应尽量减少介入，孩子之间的争执常常是暂时的，通常不需要太紧张，一周之后如果依然尚未改善再来处理即可。试着把问题丢给孩子，他们自然会找到出路，也会试图去思考问题，让问题真正获得解决。

第二阶段　不要预设立场

当孩子彼此之间发生冲突时，爸妈第一个闪过的念头就是孩子是不是受到了欺负。这虽然是人之常情，但请不要预设立场，认定就是孩子不乖或对方不对，这不但没有任何帮助，反而会增加孩子的压力。孩子最常发生冲突的对象是他最好的朋友，因为很熟、感情好，所以才会有所坚持和发生冲突。所以，不要才听到一半就跟孩子说："那你就不要和他做朋友了！""你明天去和他说'对不起'。"其实孩子还是希望能有这个朋友，爸妈这样做，不仅没有任何帮助，反而会让孩子对于会失去一个好朋友产生困扰。这时，爸妈可以帮另一个孩子当代言人，说出他可能有的感觉，让孩子了解别人的想法与坚持，通过引导孩子会更知道如何与别人互动。

第三阶段　扩展好友圈

让孩子在四五岁后，开始练习自我介绍与邀约朋友，通过熟悉的情境，可以让孩子更容易认识新朋友。随着好友圈的扩展，孩子不仅可以找到新玩伴，也让他在面对他人的拒绝时，可以更加快速地稳定自我情绪。 最初，请不要将孩子丢在完全陌生的环境，却要他主动表达，而是建议在家中通过扮家家酒演戏的方式，让孩子模拟在幼儿园认识新同学的情况。在这个过程中，父母事先教给孩子一些固定的表达方式，之后若孩子面对相似情况时，就能很自然地说出来，只要成功几次后，他很快就会上手了。

育儿小锦囊

当孩子吵架骂人笨蛋时……

请记得提醒自己，当孩子不会妥协、不知道合作或是被拒绝时，都可能会出现吵架骂人这种情绪性的表达。最常让妈妈感到头痛的，就是孩子和亲戚的孩子吵架时，孩子顺口说了一句，那真的是一件非常尴尬的事。这时请不要立即说“不可以说笨蛋”“不可以骂人”，这样孩子反而会更加大声地说“笨蛋、笨蛋”，使结果变得更加尴尬。

这时，先分开争执的孩子们，放低你说话的音调与速度，然后请他们先停嘴。接着，蹲下来在孩子的耳朵旁小声说：“先说给妈妈听。”这样孩子知道你愿意听，自然也就会降低自己的音量。

同学都有，我也要

——儿童的欲望

〔案例〕

平常在周五的傍晚，只要小惠和妹妹一周的表现都很乖，妈妈就会带着两个小宝贝一起去逛逛。一天，照着例行的路线去逛街，很自然地来到玩具店。小惠知道妈妈有规定，除非原本就答应要买礼物，不然绝对不能买玩具。但是，这天小惠居然一进了玩具店就一直往前走，直到看到了苏菲亚公主娃娃才停下来，然后就开始赖着不走。即使妈妈威胁说“我要去吃晚餐了”，小惠还是不肯移动半步。眼里含着泪水，鼓起勇气说：“同学都有，我也要！”可以看出小惠真的很想要，但是妈妈又怕她养成坏习惯，以为只要哭就可以得到礼物。最后，妈妈还是硬将小惠抱起来离开玩具店，才结束了这场突发的闹剧。小惠究竟为什么会突然变成这样呢？

孩子为什么会这样

对于孩子吵着要买的这个行为，他在不同年龄有不同的特质与原因。2岁左右的孩子，最常想要的是点心、饼干、糖果等零食；三四岁左右，则会是玩具；五六岁之后，则换成文具用品。除了项目的不同之外，原因也不相同，在2岁左右常常是固执，在三四岁时有可能是冲动，到五六岁时或许是因为比较。当孩子进入团体生活中，想要在同学之间获得赞许时，会让原本已经趋于稳定的情况再次发生。事实上，这种情况不仅仅在小小孩身上出现，最常见到的高峰期是在小学五、六年级。这时，孩子更加重视同伴关系，也开始非常在意外表，对于物质上的比较会更加明显。

怕被妈妈拒绝吗

对于3~4岁的孩子而言，孩子吵着要买，通常都只是短暂的欲望。当孩子在逛街的时候，常常看一个想要一个，再逛一下又会换另一个。实际上，这时的孩子对于选择是很弱的，当有太多不同的选择时，孩子常无法清楚地做出决定，自然也就看一个选一个。因此，当孩子吵闹着要买时，立即拒绝说“不行”容易引发负面情绪，哭闹或赖皮的行为也会立即出现。事实上，并非孩子一定要获得礼物，而是害怕遭到拒绝感到挫折。建议爸妈可以轻柔地对孩子说：“我知道了。”“我们再去另一家看看。”通过这样的方式引导孩子继续走，孩子的情绪很快就会平复。要和孩子说道理，一定要等到孩子平静时才可以，否则只是在情绪上起冲突而已。

搞不清自己想要的

当孩子坚持一定要拿到手时，有时只是一时的冲动，可能是因为在电视上看过广告，所以想拥有，并非是自己所想要的。这时引导孩子找到自己想要的物品，例如，孩子说过想要的文具或食物，或是引导孩子说出自己最喜欢的东西，如养乐多、小蛋糕、点心等。让孩子想到自己想要的东西，就可以转移他对眼前事物的欲望。彼此退后一小步，让孩子可以得到真正喜欢的东西。由于一时冲动而买的玩具，孩子常常只有一天的热度，很快就丢在一边不想玩儿了。与其买了以后再抱怨孩子浪费，还不如引导他买真的想要的东西。

我想成为焦点

5~6岁之后，孩子对于自己的欲望正在学习控制的阶段，但是常常会受到同学的影响而有特别想要的东西。例如，同学们常讨论的卡通、文具、玩具等，好像只要拥有这些，就可以得到同学赞美的眼光。正因为期待获得同学们的羡慕，掌握在团体中的主导权，因此孩子并非是冲动，反而更倾向于因比较而想要购买。对他而言，这些物品就犹如增加人际关系的“法宝”，是让自己可以在小小团体中获得更多朋友的道具。其实，孩子渴望的不是物品，而是在同伴之间的崇拜或认同。

很好玩儿但不会玩儿

当孩子欣喜若狂地买了玩具，也非常努力地带回家后却不玩儿时，请不要责备孩子，毕竟最后决定要付钱买的还是爸妈。这时要请孩子将玩具妥善收好，并且约定一个月之后自己长大一点儿了再拿出来玩儿。不要强迫孩子买了就要玩儿，如果因为不懂得怎么玩儿而弄坏了，不仅孩子会觉得难过，爸妈也会很生气，帮孩子避免被处罚，也是很重要的。

专家爸爸这样教

孩子们凑在一起爱比较是正常的，比谁高、比谁快、比谁大声……一切东西都可以比，就连爸妈也可以拿来比。因为孩子喜欢比较，也会努力让自己表现得更好，在学习上面更用心。当然，比较也有一些副作用，就是对于物质欲望的需求也会更加的凸显，特别是现在流行带孩子出国旅游，常常还没有到寒暑假，爸妈就想趁着淡季时，带孩子出国玩儿。孩子看到同学朋友谈论出国的事情，当然也会羡慕，所以就开始期望自己能有机会出国玩儿，在这样无形的竞赛中，给爸妈带来了一定的教育压力。如何引导孩子察觉自己真正想要的，并且学习控制与获得，也就变得很重要了。

第一阶段　认识自己的欲望

不论是在超市或玩具店，遇到孩子吵闹着“我要买、我要买……”，的确会让爸妈很困扰。如果孩子出现这种行为，请不要很直觉地回复："不可以。"而是回答："我知道了。"这并非是同意买给孩子，而是让孩子知道我听到了你的想法。绝大多数孩子的欲望来自冲动，所以只要先继续往前走，就可以降低孩子对于欲望的执着。相反地，当时拒绝反而会让孩子更加坚持，导致无理取闹的举动。在继续往前走的同时，请蹲下来看着孩子的眼睛，引导他想想自己想要的东西："你不是想要买（某件东西）吗？"让孩子回想起自己想要的，孩子就会降低自己眼前因为冲动而出现的欲望，进而不再坚持。

第二阶段　订立奖品规则

在给予奖励品时，家人必须有一致的原则，孩子表现好时才给予，以避免孩子过度依赖。特别是当孩子5岁时，正在发展自我控制的能力，这时必须开始学习如何控制欲望，练习延迟获得的时间。但在这个阶段，孩子对于欲望的满足有强烈的需求，导致情绪的起伏，所以特别需要大人适当地引导。对于奖品的给予，不需要过度担心，孩子并不会因为有奖品而变得依赖，只是必须渐渐地延长给予的时间。最常使用的方式就是像便利商店的集点卡，等到集满一定数量后，才可换取奖品。以一周给一次为原则，因为5岁的孩子还无法察觉一个月的周期性，如果时间过长，孩子就会兴味索然了。通过延长给予的过程，让孩子练习如何控制自己的欲望。相反地，如果凡事都顺着孩子，反而会减少他练习自我控制的机会。

第三阶段 如何使用零用钱

事实上，孩子对于昂贵或便宜是没有多大感觉的，只是很单纯的想不想要。不过，通常包装漂亮的东西，价格都不会很便宜，也较容易吸引孩子注意，与其担心孩子，倒不如培养他正确的金钱观念。

对于5岁的孩子，建议可以开始给予零用钱，让他渐渐了解钱的使用与获得方式，建立正确的观念，他才会知道如何控制自己的欲望。通过使用存钱罐存钱、买东西结账、做家务换零用钱等方式，让孩子自己掌控零用钱。千万不要希望孩子第一次就成功，通过反复的尝试后，才能渐渐地培养正确的观念。通常9岁的孩子才会具有制订开销计划的能力，所以请不要操之过急!

育儿小锦囊

当孩子哭闹着说：“奶奶都会买给我。”

请记得提醒自己，这只是孩子一时口不择言的情绪话，并没有任何的意思，因此不要过度反应。最重要的是不要和孩子说气话：“那你去当奶奶的孩子好了！”这样不但没有安抚孩子的情绪，反而使情况变得更糟。当情绪爆发时，不仅是孩子听不进去，我们讲话的声音也会变得更大，结果原本一件还算容易处理的事情也会变得很复杂。先学着控制自己的情绪，蹲下来看着孩子：“那记得下次见到奶奶的时候，要和奶奶说哦！”先稳定孩子的情绪才是最重要的。当面临这个情况时，最重要的是大人之间要先沟通清楚，虽然一个玩具没有多少钱，但是千万不要无条件地给予，不然孩子会越来越迷恋玩具，也就无法适时地学习控制自己的能力。

当孩子说："我的钱，就是要买糖果。"

请记得提醒自己，给予孩子零用钱也就是让孩子练习自我控制，而不是爸妈在旁边紧盯着进行指导。孩子的零用钱可以去购买他所想要的，当然包括糖果、饼干等，这是孩子的权利。当面临这样的情况时，不是去跟孩子抢权利，硬要孩子做他不想做的决定，这会让孩子失去练习的机会。这时，爸妈可以引导孩子对于其他事物产生兴趣，让他有一个期待的目标，并轻轻地说："可以，但是用掉了你就不能买（某件东西）了。"这才是最好的处理方式。5岁以前的孩子，还没有办法控制欲望，如果过早地给予零用钱常常会出现冲突，必须加以注意。

我才不要排队

——团体中的冲突

〔案例〕

小惠越来越习惯幼儿园的生活，在上课时也都很乖巧，也很喜欢学东西，最喜欢的就是画图和手工，常常画上就停不下来。连老师都很惊讶，一个小小孩可以坐着一小时，直到完成她的“大作”为止。但是，当开始排队玩游戏时，小惠就是不想乖乖地排队，常常不是硬要挤到最前面，就是远远地落在队伍的最后面。特别是当进行园外教学时，大家都要手牵手、慢慢走的时候，不知道是不是太兴奋了，小惠常常会莫名其妙地和同学推挤起来，还因此被老师责备。妈妈已经和小惠说了很多次，也确定她很清楚规矩，明明一个人都很好，但在团体中为什么就会出状况呢？

孩子为什么会这样

现在由于大多数家庭只有一两个孩子，孩子和同伴一起玩儿的机会略显不足，孩子多半缺乏在团体中互动的经验。当孩子在团体生活中犯错时，请不要使用处罚来让孩子遵守规则；当然也不要用逃避的方式，这样只会让孩子与同伴相处的经验更少。如果孩子在一对一时都可以表现良好，但是在团体活动中却状况连连，可能由三个潜在的原因所导致：好胜心、缺乏耐心等待、触觉敏感。所以，这时要同时观察孩子这三项能力的发展与表现，才可以做出最好的判断与协助。

好胜心不好吗

想要获得别人的赞美与肯定，是人心里深处的趋向。也正是因为这样的内在动机，孩子会出现“抢第一”的情况，基本上这是一件值得高兴的事情，因为这代表孩子的动机很强。然而，孩子却因为对于情境脉络的察觉很弱，所以可能会在不适当的情况下“抢第一”，结果就被处罚了。例如，在表弟的庆生会上，抢着吹熄蛋糕上的蜡烛，然后还开心地看着大家，但是换来的绝对不是赞美。问题并不是孩子喜欢“抢第一”，而是孩子不会判断情境所导致的冲突。

是第一，还是不听话

“我做得超级快，第一个做完，所以就去做下一件事情。”这时应该说他很棒呢，还是责备他呢？观察在团体中破坏规则的孩子会发现，他常常是已经完成了手头上的工作才离开位置的。所以，孩子的观点是我“第一”所以离开，而不是乱跑，但是看在大人眼里却是他擅自离开位置，并没有察觉到孩子的工作完成与否。也正是因为角度上的差异，导致在处理上出现牛头不对马嘴的冲突，使孩子开始拗在那里生气，觉得自己被误会了。问题并非是孩子脾气不好，也不是不听话，而是做完了没有等待，只要抓对重点，孩子自然也就会听话了。

什么时候才会轮到我

“等一下”是多久呢？对于三四岁的孩子而言，这就是短短的一分钟，只要超过三分钟，就已经是“等很久”。因此，孩子通常不擅长等待，而想要用抢先来避免无聊的窘境。由于夫妻双方多半工作繁忙，整个家庭的步调通常相当紧凑，就连接孩子回家也像在赶火车。在这样高度时间压力的生活情况下，爸妈常常在孩子还没开始做事前，就急着帮孩子完成，但却没有给孩子练习等待的机会。等待是一种隐藏的社会规范，不需要明确的说明，却是游戏时必订的规则，如果孩子无法察觉等待的重要性，就容易在团体中被视为破坏者。

为什么喜欢挤来挤去

触觉很奇妙，对于同样的刺激，主动与被动的感受却是截然不同的。就像别人挠我们的腋窝时，我们常常会痒到受不了而大笑与躲避，但是自己挠自己却一点儿感觉也没有。因此，如果孩子的触觉敏感，虽然会很喜欢和别人挤来挤去，但却又同时担心别人在后面触碰他，结果让他一会儿出现在队伍中，一会儿又跑到队伍外面。这时，与孩子说道理多半没有多大的效果，因为他感受到的就是不一样。

不当第一，就要到最后

在社交时，如何保持与别人之间的距离是一门艺术。如果和人距离太远，会让人觉得生疏；如果和人距离太近，会让人感到威胁；人与人之间的安全距离，是孩子在人际互动中需要渐渐地学习的。安全距离基本上大约是一只手臂长的距离，也就是以不会碰到别人的身体为原则。但是对于触觉敏感的孩子，常常会觉得这样的距离还是太近，而会想要逃离队伍。因此，他们就会在队伍中选择第一或最后的位置，因为在这两个位置上，他可以拥有最大的安全空间。

专家爸爸这样教

孩子总是喜欢抢第一，一会儿争先恐后地硬是要抢在前面，一会儿就拗在那里打死也不要玩儿，无论好说歹说就是不配合，常常会让爸妈发火。但这真的是孩子不乖巧吗？也有可能是孩子经验不够！互动技巧等社会规范必须通过孩子在团体生活中渐渐地学习与了解，并逐渐地发展出来。请记住，孩子绝对不会故意找麻烦，只是技巧不成熟而已，如果使用强硬的方式，要求孩子不可以抢第一，可能不小心伤到孩子的好胜心与自信心，结果就变得被动与无聊。通过爸妈的耐心引导，逐渐帮孩子找到自己在团体中的位置，才能让孩子有成功的人际互动经验。

第一阶段　顺着孩子的特质

每个孩子都想要得到赞美，只是有时候搞不清楚规则。因此，第一步是了解孩子的特质，找出其不喜欢排队的原因，暂时先帮孩子避开问题，让孩子在团体中获得成就感与荣誉感，再来帮助他们调整。特别是怕痒的孩子，因为触觉敏感而导致对别人的触碰感到不安时，最好的方式就是暂时请老师帮忙安排在第一个，以免孩子夹在队伍中容易因为不舒服而出现推挤同学的动作。在家里，父母可以帮孩子多按摩，以便降低孩子的敏感度。

第二阶段　延长等待的时间

当孩子只与我们在一起时，只要完成一个活动，我们可以立即察觉，并且安排下一个活动。然而，在团体活动时，当他们完成自己的活动后，还必须等待其他同学一起完成，才算是完成。如果孩子无法在这过程中等待，常常也会被认为不听话，而有不配合的感觉。这时对等不了的孩子说“要有耐心”往往不会有多大的效果。最好的方式是转移注意力，引导孩子去观察周边的人、事、物，仔细地看看身边发生了哪些事情，猜猜他们正在做什么，拓展孩子的视野与知识。通过引导，让孩子更有耐心地等待，进而培养出良好的观察力，自然也就不会一直将“无聊”挂在嘴边了。

第三阶段　练习轮流的顺序

团体活动常常有三种形态：一起、排队、轮流，当孩子的等待能力已经成熟，在排队时就不会出现困扰。4~5岁的孩子，可以练习下一个步骤——轮替概念，这时孩子要能记得在队伍中的顺序，即我在谁的后面出发。实际上，孩子只是搞不清楚自己到底什么时候要出发，所以固定排队顺序可以让孩子表现得比较好。这时，可以先练习三个人的轮流游戏，如简单的顺时针传球，一个人传给下一个人。等到孩子成功后，再逐渐增加游戏的人数，甚至将一颗球变成两颗球同时传，加强顺序的概念。

育儿小锦囊

当孩子插队时……

孩子不是故意捣蛋，而是搞不清楚状况。特别是对于2~3岁的孩子，排队就是跟着一起玩儿、加入他们的同义词，但是由于缺乏对于顺序的判断，所以不知道应该排到最后一个，而不是真的想插队。这时千万不要板起脸孔生气地说，“要排队哦！”“不可以插队哦！”

我们要做的是培养孩子解决问题的能力，而不是和孩子赌气，所以请简短地说："排到红衣服阿姨的后面。"一来可以让孩子清楚知道自己的位置，二来可以避免孩子对"最后一个"这几个字产生抗拒，让孩子更快地学会排队。

妈妈陪我玩扮家家酒

——假想游戏的意义

〔案例〕

小惠非常喜欢玩扮家家酒，在家里常玩“谁当医生”的游戏，在幼儿园里，也常常跟着同学一起玩“下午茶”的游戏。或许是每天都沉醉在想象的世界里，所以常常会说一些没有发生的事情、想象中的人物。她常常在妈妈忙碌的时候，还是一直要求妈妈陪她一起玩扮家家酒，弄得妈妈无法处理手边上的事情。妈妈让她去和妹妹一起玩儿，她就是不愿意，宁肯站在厨房门口等妈妈。难道是小惠不喜欢妹妹吗？为什么不愿意和妹妹玩儿呢？这样幻想一些没有发生的事，到底有没有问题呢？

孩子为什么会这样

扮家家酒不仅仅是打发时间的游戏，更是学习认识社交技巧的重要过程，从扮家家酒中，孩子学会观察别人的动作、工作、角色、情节。2岁的孩子，在游戏时只会模仿极为简单的动作，例如，切蛋糕；3岁时，孩子会模仿一个连续性的动作，例如，将蛋糕切好后装在盘子里，分给每个人；4岁时，孩子就更进一步地察觉到角色的概念，会在同一个空间里，让每个人都扮演不同的角色，例如，蛋糕店的老板或厨师等不同的人物；5岁时，孩子就会融入一个想象中的剧情，展开连续性的故事。然而，这一切都是在游戏中，通过孩子的观察与创意逐渐地发展出来的。

想象力就是超能力

孩子的想象力无与伦比的强大，并不需要十分具象的玩具来代表，简单的一个纸箱子，孩子就可以想象成一辆汽车，而坐在里面玩儿好久；将纸张折成一个三角形，孩子就会当作皇冠戴在头上，假装自己是公主。通过这样的想象力与创造力，孩子可以让身边所有的事物变得有趣，这是孩子最伟大的天赋，需要爸妈细心的呵护才能维持下去。

妹妹不会玩儿吗，不和妹妹玩儿吗

不同年龄的孩子，由于发展上的差别，因此在假想游戏中的能力也不相同，这时容易出现冲突。特别是如果妹妹尚未满3岁时，在扮演游戏中只会模仿动作，却无法配合故事情节的进行。

例如，姐姐拿了一个箱子假装是一辆车，然后拿一个纸盘子出来，假装是方向盘，邀请妹妹来当乘客，一起玩出租车游戏；妹妹很开心地过来看一下，然后就突然跑掉了，不到3分钟又突然跑回来，手上却多了一块蛋糕，而且硬要将蛋糕放在姐姐的“方向盘”上。

一个看到的是“纸盘子”，一个看到的却是“方向盘”，因为妹妹无法配合姐姐假想的框架，而出现了互动上的冲突。因此，姐姐有时候就会抗拒和妹妹一起玩儿，因为妹妹无法配合，但只要选择其他游戏，两位小公主就又会开开心心地玩儿在一起。当然，如果要找人陪着玩扮家家酒，那最能配合的妈妈或爸爸就理当是最佳人选了。

站在别人的角度看

对于4岁以上的孩子而言，假想游戏是非常重要的，因为通过角色的转换，让孩子可以察觉到别人的想法，推想别人会做什么决定、有什么感受。经由这个过程，孩子才会开始了解别人，这也就是同理心萌芽的开始。是否喜欢玩扮家家酒，往往与孩子的人际互动有关，因为每次游戏都是练习的机会，扮家家酒绝对不是小女生的专利，对于小男生而言，也常会想象自己是超级英雄，这也是一种扮演的假想游戏。当孩子喜欢玩假想游戏时，需要的是鼓励而不是禁止，因为这是他们在发展社交技巧时必要的练习。

扮演游戏的作用

扮演游戏，是孩子游走在真实与想象之间的媒介，同时也是宣泄压力的方式，对于自己做错的事情思索弥补的一种策略。因此，孩子常常会通过演戏来寻求另外一个解决的方式，期望可以从中间获得更好的效果。演戏的好处是很像假的，但又有点儿真实，当孩子在演戏时，常常会唤起当时的情绪，但又可以获得这是“假的”的保障而得到安全感。通过扮家家酒的过程，孩子可以修补自己受伤的感情，而得到情绪上的宣泄与满足。

就是没规则才好玩儿吗

玩儿是非常重要的，通过自由发挥、运用创意、彼此协调，设计出一个既有趣又好玩儿的游戏规则，这是多么让孩子感到有成就感的“工作”。对孩子而言，这不只是一场游戏，而是练习说服别人的“工作”——尝试说服别人接受自己安排的过程。足球、猜字谜、桌游等游戏虽能增进孩子遵循规范和认知的能力，但是没有规范的游戏，孩子必须靠想象力来尝试不同的活动，模拟各种角色，适应随时改变的游戏规则，解决不时发生的争执，那才是孩子最需要练习的不是吗？请收起我们想要教导孩子的心，陪着孩子一起享受创造游戏的乐趣吧！

专家爸爸这样教

还记得我们小时候没有那么多的玩具，最常玩儿的不是在公园里和邻居的哥哥姐姐追来追去，就是窝在家里玩扮家家酒。常常一玩儿就是一两个小时，直到妈妈来呼唤才会结束。很多时候，扮家家酒就好像小孩子们的会议，大家对同一个问题提出各种不同的方案，然后由大家一起决定要选哪一个比较好。有时会假装要和妈妈要零用钱，并通过这样集思广益的过程找出最好的方案，多演练几次再决定要如何和爸妈说，以增加成功的概率。但是，现在的孩子真的比较辛苦，因为他们没有演戏的机会，更不要说沿用哥哥姐姐的智慧，所以只好直接就被推上“现场直播”，失败的概率当然也就增加了。

正如塔夫茨大学儿童发展心理学家埃尔金德博士所说的：“游戏是儿童用来学习的方法。没有游戏，等于剥夺孩子适应、融入团体的机会。同时，不能把游戏与工作对立，应该把它当成提升工作效率不可或缺的好伙伴。”因此，如果你希望孩子以后有良好的人际关系，就让我们一起来加入孩子的扮家家酒游戏吧！

第一阶段　安排特定的时间

扮家家酒是学龄前的孩子最感兴趣的游戏，甚至是生活的重心，陪着孩子一起玩扮家家酒，更是彼此建立感情及培养默契的关键。不要觉得扮家家酒是在浪费时间，我们应该换个角度来欣赏孩子的创造力，就如同一个观众看着孩子如何联想、演出、交流，很快地你就会熟悉孩子的游戏。当然很多时候，下班回到家还有许多需要处理的工作，无法满足孩子想要别人陪伴游戏的时间，但当他们约三四岁之后，就可以通过约定一周中的特定时间来一起玩扮家家酒的游戏。当约定好明确的时间后，孩子也不会一直不断地缠着你问："妈妈，什么时候可以陪我玩儿？"而会开始期待那一天的到来。

第二阶段　引导想象的主题

随着孩子视野与生活经验的增长，他们大脑里了解的东西越来越多，但了解归了解，有些却是无法接触的，这时孩子就会通过演戏的方式来假装，并且想要尝试看看。例如，在绘本中提到的"大吊车"，只要盖高楼大厦都少不了它，它一次可以举起很重很重的钢梁，因此，孩子会羡慕开吊车的人。但是，孩子没有机会去操作大吊车，因此，就会想通过演戏来达成原本做不到的炒菜、开火车、照顾小宝宝等愿望。

当爸妈在加入孩子的游戏时，请暂时放下威严，当孩子称职的玩伴。我们要做的不是指导孩子如何玩儿，而是引导孩子的想象力，配合孩子设计的框架，使游戏变得更丰富。在孩子4岁前可由孩子先设计框架，再由爸妈协助增加更多细节，让整个游戏变得更有趣；当孩子4岁以后，爸妈就可以在游戏过程中适时地提出一点点的"反对意见"，观察孩子会如何来说服你。但是，当孩子已经绞尽脑汁地找了两三个理由后，适当的妥协更是我们应该示范给孩子的重要观念。

第三阶段　练习角色的转换

我们都希望孩子可以人见人爱，有礼貌又贴心，可以有同理心，那就必须让孩子在玩扮家家酒时，有角色转换的机会。孩子4岁之后，正是鼓励他练习如何站在别人的角色思考的好时机，这时，帮孩子准备好一些道具，让他更容易融入角色，不论是医生的听诊器、公主的衣服、老师的粉笔，都像魔法道具一般神奇。这时，孩子常常会扮演老师，假装站在讲台上，指挥着小朋友们一起做手工，在这个过程中，孩子就是一个十足的老师，还会纠正不乖的小朋友，通过模仿老师的举止来推测老师的想法。当然也就更可以了解哪些情况可能会让老师感到不愉快，而主动去避免做这些行为。随着经验的增加，孩子很自然地就能运用到日常生活中，可以察觉别人的感受，建立出良好的同理心。

育儿小锦囊

当孩子太爱幻想时……

这在孩子3岁时时常发生，有时甚至会虚构出一个幻想的好朋友。这时要学习的东西很多，但是却没有足够的经验处理，因此在冲突之下有时就会虚构一个朋友，在“他”的陪伴下和“她”讨论如何应付难关。在孩子的心目中，这个朋友几乎是无所不能的，可以陪伴他一起面对各种问题，这个虚拟朋友大约会在孩子的心中停留一年的时间。这时，请尊重孩子的幻想，这是他进行自我调适的一种技巧，在3岁的孩子身上是十分正常的，也对他很有帮助，所以请不要想方设法地证明“他”是假的。

爸妈也不要心怀愧疚，认为孩子是因为觉得孤单、没有兄弟姐妹，所以才会虚拟一个朋友。其实，这真的不一定，很多孩子即使身旁有很多玩伴，甚至在大家庭之中，也还是会有这样的过程。随着孩子认知能力的成熟，渐渐地可以了解真实的情境之后，自然就不会依赖“他”。所以，不用因为孩子有幻想的朋友而担心，有时可以通过这个朋友帮助孩子养成一些好习惯，如此也可以让孩子更愿意配合。

PART 4
稳定情绪

我不想打招呼

——孩子的陌生人焦虑

〔案例〕

小惠在家里真的很活泼，也很喜欢教妹妹做事情，几乎一进家门就说个不停，一点儿都不像个文静的孩子。但是，只要出门她却又完全是另一个样子，基本上很少说话，可以说超级安静。特别是当碰到爸妈的同事、亲戚、长辈时，常常低头一句话也说不出来。不要说打招呼了，就连要正面看人都很难，常常躲在妈妈的身后，一动也不动。虽然妈妈已经习惯小惠这样的反应和举动，一遇到和别人打招呼就没反应了，但是年底快到了，又要带着两个小姐妹一起去婆家拜年，到时候小惠会不会又打死不打招呼，实在很没有礼貌，一想到就头痛啊！为什么小惠就不能像妹妹一样很大方地问好呢？

孩子为什么会这样

怕生是一种很自然的保护反应，也是让人们可以避免危险的天性，因此孩子经常出现怕生现象，即使是小婴儿也会如此。小婴儿刚刚出生的时候，因为视觉发育尚未成熟，当被大人抱起时，常会面带微笑、没有害怕的感觉。但是，当小婴儿长到6～8个月大时，随着越来越能分辨人面部表情的特征，陌生人焦虑就会开始出现。每当遇到陌生人，就会出现害怕或大哭的情况，直到对方消失才能停止。

陌生人焦虑在1岁左右到达高峰后，才会逐渐地降低。在2～3岁时，孩子依然还是会对陌生人保持警戒，表现出退缩的行为，但是往往不会出现哭闹的情绪反应。孩子是否怕生与天生气质有关，也与后天的环境、经验有关，每个孩子有所差异。此外，如果孩子属于敏感型，各种感官系统都比较敏感，害羞、内向的情况也会特别明显。这时，爸妈越鼓励孩子打招呼，反而会让孩子越紧张，更难主动打招呼。

我跟他不熟悉

孩子不愿意和爷爷奶奶打招呼，是爸妈最头痛的事情，好像不打招呼就会被贴上“这样没礼貌”“回去要教好”的标签。确实，爷爷奶奶是亲密的人，但对于孩子而言，这样就算熟人吗？对于小小孩而言，如果在睡着以后醒来还会看到的人，往往才是需要记忆的熟人。所以，如果孩子一睡着爷爷奶奶就回去了，那就像每天上班时会遇到的同楼层的人一样，虽然每天都碰面，感觉很眼熟，但却还是一个陌生人。孩子会真正记得的是生活有交集，会和孩子一起分享活动、心情的人。

不要靠我太近

人与人之间有一个安全距离，如果过于接近会让人感觉被威胁，如果过于疏远则会让人感到被拒绝。通常安全距离大约是我们手伸开的长度，但是对于触觉过度敏感的孩子而言，这样的距离却显得过短，容易出现抗拒或逃避的情况。事实上，每个人也都会有这样的感受，当别人过度接近时，我们自然会往后退一步，先拉开彼此之间的距离。因此，多给孩子一点儿时间，不要在一看到孩子时，就想要抱或摸，慢慢地接近才能让孩子感到放松而愿意亲近。

外面有很可怕的坏人哦

相对于我们小时候，目前生活环境变得相对危险，新闻报道了许多意外事件，无疑也加深了父母的焦虑，因此常常在有意无意之间灌输孩子“外面很危险”的观念，甚至会限制孩子活动的范围。当孩子2岁开始想要探索时，如果机会较少，就容易对于不熟悉的环境产生不安全的感觉，也会导致孩子对于打招呼这件事产生不安全的联想。我们是否时常很担心地陪着孩子，并且不断地提醒他陌生的人及地方很危险呢？如果是这样的话，要让孩子愿意打招呼，就应该先从改变我们说话的方式开始。

我不知道他是谁

称谓其实真的非常复杂，孩子常常会搞不清楚谁是谁，要打招呼的时候，会感到莫名的恐惧，生怕自己叫错了。对于孩子而言，每个人应该都有一个名字，为什么她们两个长得完全不一样，名字却都叫“舅妈”呢？这就会让孩子担心自己记错，所以更不敢打招呼。确实，很多亲戚真的一年难得碰面一两次，也难怪孩子不记得。建议父母，请先不要一碰面就希望孩子可以立即叫人，而是先从离开时说“拜拜”开始吧！

专家爸爸这样教

就像我们看到同事一定会说一声“早”一样，打招呼是一个人人际互动上很重要的一环，因此，我们常常希望孩子看到长辈时能很有礼貌地打招呼。即便如此，我们还是不能忽略孩子的感受，特别是当孩子年龄还小，表达能力还不好的时候。由于现代家庭中孩子都比较少，家中的人数也少，孩子与爸妈以外的人接触的机会也减少许多，因此，孩子难免会怕生。当孩子不愿意打招呼时，请不要给孩子贴上“没礼貌”的标签，而应尊重孩子的感受。很多时候，要亲近孩子最好的方式就是不要一见面就摸孩子，因为这样会让孩子感觉受到了威胁。在和孩子互动之前，请弯下腰，亲近孩子的脸庞，减少巨大身影带给孩子的压力，这样才能让孩子愿意主动亲近及打招呼。请尽量站在孩子的角度，帮孩子和别人沟通，以便让孩子感到安心，渐渐地，他自然开始会和别人打招呼。

第一阶段　从孩子最熟悉的人开始练习

体谅孩子、尊重孩子的感受，才是最好的方式。收起责备的口吻，例如，“不可以那么没礼貌”“我平常是怎么说的”“你今天的表现妈妈很不开心哦”，这些都会让孩子更焦虑，无形之中增加了孩子的愧疚感，导致孩子更不愿意开口打招呼。我们应该充当孩子与外界沟通的桥梁，让孩子对环境充满安全感，可以先从孩子熟悉的人开始练习，爸妈就是最好的练习对象，虽然每天都腻在一起，打招呼似乎有点儿奇怪，但真的很管用。记得教孩子每天看到爸妈要说“爸爸辛苦了”“妈妈谢谢你”这样的短句，并适时地给予孩子一个鼓励的拥抱，都是很好的练习。

第二阶段　让孩子更容易成功

在人际沟通上，非语言沟通占的比重约为90%，语言沟通只占了非常小的比例。因此，当孩子不愿意说的时候，也不要过于勉强孩子。正确的做法是降低要求，只要孩子愿意点点头、挥挥手就可以了。先让孩子有打招呼的意识，并且获得赞美，他才会愿意继续尝试。就像上台演讲一样，第一次上台，必定紧张得要命，在众目睽睽之下，即使脑子里有千言万语，也不一定说得出一句话。大人都如此，又何必过度要求孩子呢？让孩子第一次演讲的表现就可以满足你的要求，孩子很自然地就会越来越愿意上台演讲。孩子需要的是你的鼓励和支持，而不是责备！

第三阶段　从习惯说“请”“谢谢”“对不起”开始

父母送给孩子最大的礼物绝对不是教育基金，也不是各项才艺，而是培养孩子有礼貌和贴心。随着社会竞争越来越激烈，我们总是帮孩子报许多才艺学习班，希望他们有更好的竞争力以面对未来的挑战，但无形中却养出了许多“小刺猬”，彼此竞争，谁也不让谁。其实，没有人可以永远当第一，也不可能完全不经历失败，这些是父母再如何努力也无法帮孩子避免的事情。但是，我们可以帮孩子培养出谦虚和礼貌，如此一来，当孩子遇到挫折时，别人自然愿意伸出双手来帮他，或者再给他一次机会。就从习惯说“请”“谢谢”“对不起”开始吧！

育儿小锦囊

当孩子不肯打招呼时……

这不表示孩子没有礼貌，可能只是因为比较害羞，所以千万别带着责备的口吻说：“你这样子妈妈不喜欢。”这样只会让孩子感到更紧张，更说不出任何话来。这时，请多给孩子一点儿时间，先从说“拜拜”开始练习比较容易成功。孩子通常会因为只要说“拜拜”就可以脱离让他感到紧张的状况，所以更愿意主动地说，等到孩子比较有信心后，再练习打招呼就会变得容易多了。

孩子生气就大闹

——孩子的情绪发展

〔案例〕

小瑜在家里排行老二，也许是因为上面有一个姐姐的关系，所以每次姐姐在学习时，她总是会在旁边一起听一起学，妈妈常常不记得教过她，但是她居然就学会了，而且经常和姐姐比来比去。确实，小瑜很聪明伶俐又可爱，但她常常一不顺心就生气地又叫又跳，也不管是在家里，还是在外面。有一次，突然扑到妈妈的身上，又叫又哭的，妈妈总是搞不懂她究竟是在生气，还是难过。妈妈真的很担心小瑜的脾气，如果以后和同学在一起时，一不顺心就生气，那一定会被同学排挤，会不会以后就被贴上“个性不好”的标签呢？

孩子为什么会这样

情绪究竟是天生的，还是后天发展出来的呢？人的一部分情绪表现是与生俱来的，存在于我们的基因里。因此无论是在地球上的哪一个地方，即使文化与语言不同，但是生气的表情却都是皱着眉、噘着嘴、张大鼻孔。所以即使语言不通，用表情也可以清楚传达出彼此的情绪。然而，这些往往都是最基本的情绪，只有喜、怒、哀、惧并不足以表达孩子的心情，而需要更加细致地分化，而这个分化的过程就是由家庭与学校的环境所塑造的。

当孩子在小婴儿时期，只有最原始的两种情绪分类：舒适与不舒适。当婴儿觉得舒适就会微笑，显得很开心，相反地，肚子饿、湿湿的、不安全，就会出现哭闹的行为。这时，孩子还分不清难过与生气之间的差别，大约在三四个月大时才会有明显差异；并且随着孩子的成长，到2岁时孩子会开始对自己感到骄傲；到5岁后，可以察觉到更为复杂的情绪，如谦虚、自信。随着人际互动需求的增加，单一情绪渐渐地无法满足生活上的需求，当孩子在6岁之后，开始察觉到有时两种不同的情绪会同时出现，而变成另外一种全新的情绪，又难过又生气而觉得自己很冤枉。情绪的成熟需要时间与经验的积累，而不是当孩子还没有成熟时，就替孩子贴上一个“个性不好”的标签，其实，孩子只是暂时还搞不清楚情况而已。

宝宝的情绪表情

阶段	
0～5周	满足 惊吓 厌恶 苦恼
6～8周	高兴
3～4个月	生气
8～9个月	悲伤 害怕
12～18个月	善感 害羞
24个月	骄傲
3～4岁	罪恶 嫉妒
5～6岁	担心 谦虚 自信

表情就是情绪吗

表情就是情绪吗？很多时候我们都会将这两者混淆，表情和情绪往往伴随发生，但是表情不好并不一定就表示心情不好。相对来说，通常小女孩的表情都明显较为丰富，也因此比较吃香。想想同样是犯错，如果可以做出楚楚可怜的表情，被处罚的概率也就会比较低。相反地，如果是面无表情或嬉皮笑脸，这时可能就会倒大霉。当爸妈在引导孩子的时候，一定要先分清楚孩子是表情不好，还是心情不好，才能达到良好的教育效果。

总是在生气吗

表情是模仿而来的，如果孩子经常看到生气的表情，也就会跟着模仿，结果常常是没有真的生气，看起来却像在生气。对于喜欢生气的孩子，最不建议的方式就是使用更强烈的情绪来压制孩子，因为孩子会错误地模仿不适当的表情，结果常常越学越错误。不妨多让孩子看看镜子，多做鬼脸，熟悉自己的表情，也才能了解如何做出爸妈喜欢的样子，自然也就不会看起来很爱生气了。

就是要惹人生气

孩子总是搞不清楚状况，就是要惹人生气吗？其实，绝对不会的。通常很容易惹爸妈生气的孩子根本就不知道爸妈什么时候会生气，所以经常到了被处罚时还搞不清楚状况。其实，当我们要生气前，会有一个预备表情来提醒孩子，只是这个暗示通常只会在我们的脸上出现2～3秒，倘若孩子不能很快地察觉、分析爸妈的表情暗示，等待他的往往就是真的处罚了。建议爸妈在生气之前，需要事先预告，让孩子清楚地知道你要生气了，这样比你在那里挤眉弄眼要有效多了。有些小男孩甚至要到了三年级以后，才较能准确地判断大人的表情。

就是态度不好吗

态度是很难让孩子理解的，毕竟它看不到，也摸不到，因此爸妈必须更明确地和孩子说明，究竟要做到哪些动作才能让爸妈满意。之前有一个案例是，一个中班的小男生常常被老师抱怨，因为每次和他说话时，他总是一副要听不听的样子，常常让老师气得要命。在评估的时候才发现，他的肩膀居然一高一低，所以他每次都以为自己已经站正了，但实际上头却歪向一边，所以看起来就像故意歪着头说话，眼睛也很自然地往旁边飘移。当老师越凶时，他越想将头摆正，却又越移越歪，结果就使大人更生气。责备往往没有什么作用，了解孩子，清楚地和孩子说明你要的动作，带着孩子演一遍，他们自然也就会愿意去配合。

专家爸爸这样教

孩子爱乱发脾气，一生气就大哭大闹，不仅常让爸妈下不了台，也会导致孩子的人际互动困扰。当孩子犯错时，你是大发雷霆或是温和地帮他解释呢？基本上，两个极端都算不上正确，还可能会让孩子的情绪发展受到限制。过度强烈的情绪表达很容易让孩子学到错误的情绪表达方式，让孩子变得易怒；过于顺着孩子的想法，容易使得孩子无法了解别人与自己的区别，让孩子变得固执。带孩子就像放风筝一样，要一收一放，让孩子在成长过程中渐渐地学习如何顺应环境的变化。绝不是不能处罚孩子，在临床上我们常常看到脾气不好的孩子，爸妈都非常温和有礼。但是，必须记得处罚孩子时，请不要和孩子说气话，不然孩子常常会模仿得很像而使大人更生气。

夫妻之间偶尔吵吵架，的确有助于家庭关系的维系，通过争执的过程帮助彼此更加了解对方的观点，以便彼此调整。相反地，如果一直都是保持冷静，只有礼貌却没有沟通，才会是最麻烦的事情。绝对不要在孩子面前吵架，但是有情绪是可以的，不过要学习控制，因为你就是孩子最好的榜样。家不是吸尘器，请不要将工作上的压力带回家，适时地调适自己的情绪，才是帮助孩子建立情绪发展的关键。

第一阶段　三步骤了解情绪

步骤一：冷静

第一件要做的不是和孩子讲道理，而是先让孩子冷静下来。不论是用转移注意力或带离现场的方式，都是可以的。在沟通时，最重要的是让孩子可以听得进去，而不是在旁边不停地唠叨。因此，先让孩子静下来，他才能真正地听进去。

步骤二：认同

情绪表达是有价值的，过度压抑孩子的情绪，有时会出现其他的问题，但是最重要的原则是不可以伤害别人。为何孩子会大发脾气、无理取闹呢？最常见的情况是孩子被误会的时候。先帮孩子说出他的感受，赞同孩子的感受，并且帮他说出想要表达的语句，当孩子的代言人，当孩子感觉自己被了解之后，就会静下来听你说话了。

步骤三：反省

当沟通的桥梁搭上后，就可以开始描述“第三个人”看到的情况给孩子听，让他了解别人看到了什么？你生气之后，还发生了什么事情呢？其他人在做哪些事情呢？通过这样的过程，孩子就会渐渐地了解别人究竟在想些什么，让他自己思考与反省，才能让孩子渐渐地发展出同理心。

第二阶段 只能生气5分钟

生气是一种自然的情绪，也是正常发泄心理压力的一种渠道。孩子不是不可以生气，而是应该发展出适当的表达方式。当碰到孩子生气的时候，我们需要处罚的不是他的情绪，而是他表现出来的不恰当的行为。因此，请不要要求孩子“不可以生气”，因为就连大人自己也做不到。最重要的是要让孩子渐渐地缩短生气的时间，因为生气时间长短才是真正惹毛父母的原因。当孩子生气的时间从30分钟、20分钟，渐渐练习缩短到5分钟，你就会发现孩子不再那么容易让你生气了。

第三阶段 丰富孩子的情绪词汇量

因为文化的特质，我们不像外国人一样，常常会和孩子谈论自己的心情。但是我们可以带着孩子念绘本、说故事，通过故事的内容，提升孩子对于情绪的了解，进而增加孩子的情绪词汇量。很多时候，同样一句话，差一个字意思却差很多。想想如果本来答应孩子要带他去动物园玩儿，但是临时接到老板的电话要到公司加班，这时虽然你很不愿意，却一定要去。就在你要穿鞋子时，孩子突然跑出来说了一句：“你明明答应我的，你让我好生气！”结果可想而知，孩子应该是挨了一顿骂。

但在这时候，如果帮孩子换两个字，将“生气”换成“失望”呢？“你明明答应我的，你让我好失望！”这时你不会生气，反而会安慰孩子不是吗？帮孩子了解更多的情绪词汇，才是最有帮助的。

育儿小锦囊

当孩子不愿意道歉时……

光了解事情发生的原因，而不是随口说：“做错了，就要说‘对不起’。”有时候说“对不起”，并不是对或错的问题，而是礼貌上的表达。就像如果你坐得好好的，有一个人突然撞到你的脚而绊倒了，这时是谁对谁错呢？当然你没有做错任何事情，他也没有做错任何事情，只是礼貌上我们就会说声“对不起”。因此，当孩子觉得自己没有做错事时，往往也就不愿意说“对不起”，这时，爸妈可以跟孩子说：“说‘对不起’是一种礼貌，乖孩子都会说‘对不起’。”这样孩子就会愿意配合了。

我不会，妈妈帮我

——过度依赖的孩子

〔案例〕

小惠最喜欢黏着妈妈，也很贴心，但有一个小小的缺点——她做每件事都一定要妈妈帮忙，即使这件事她会做，也不忘说一句："我不会，妈妈帮我。"或者碰到一件没做过的事情，小惠就会不停地问："是这样吗？"常常是妹妹都已经快做好了，小惠还停在动嘴巴阶段，手指却一动也没动。这周去接小惠放学，老师也提到："小惠的个性比较依赖大人，常常要老师帮忙，玩新活动时，都要老师牵着手，才会愿意去做。"这更让妈妈担心不已。是因为太害羞吗?

埃里克森社会心理发展的前四个阶段的任务与挑战

0～1岁	基本信任VS.基本不信任感
1～3岁	自主VS.羞愧、怀疑
3～6岁	自动VS.内疚
6～12岁	勤奋VS.自卑

孩子为什么会这样

过度依赖与孩子自信心的发展有密切的关系，当孩子对自己的评价不佳时，就会很担心自己无法做好，自然会不停地询问大人的意见，期待自己可以达到大人的期望，甚至是反复询问。事实上，孩子的自信心不佳，不一定是由于父母过度严格所导致的，其实过度保护的风险反而更高。爱利克·埃里克森社会心理发展理论指出，在1～3岁时，孩子发展的重点在于自主行动与羞愧、怀疑之间的博弈。这时的孩子开始发展独立的自我人格，坚持所有的事情都要自己做，通过自己吃饭、拿书包、上下楼梯等自立的过程，证明自己是很厉害的。如果这时爸妈因担心孩子会受伤，而一手包办所有的事情，将他照顾得无微不至，同时也限制了他自主行动的过程，孩子就会觉得自己不好，而对自己的能力产生怀疑。因此，不论是凡事都帮孩子做好，或严格地要求，都可能让孩子的自信心受到限制，而出现依赖爸妈协助的情况。

担心自己做不好

担心自己做得不够好，害怕自己做错，没办法达到爸妈的期望，所以一定要问出标准答案才能安心去做；或是非得再三确认，直到肯定可以完成后才愿意执行。这是因为孩子自信心不足所致，使用责备的方式，不但不能让孩子克服依赖的行为，反而会让这样的行为变得更严重。

别人会只有我不会

在幼儿园阶段，最重要的就是生活自理能力的养成，当同学都很熟练地自己穿袜子、拿汤匙、扣扣子时，如果孩子的动作技巧还不成熟，就会承受许多的压力，担心自己为什么没做得很好，导致对于自己的评价降低，进而影响孩子的自信心。这时，鼓励或赞美不能达到效果，建议让孩子将不熟练的动作多加练习，他很快就会恢复自信。

这个我没有看过

孩子的预期能力较弱，可能对于没看过、没尝试过的事情比较担心，所以会出现抗拒的情绪，而不敢尝试与配合。在3岁之前，孩子还没有明显的输赢概念，这时对于尝试新事物的接受度也会比较高。但是，在5岁之后，孩子就会担心做不好而抗拒，或是希望大人可以帮忙。丰富孩子的生活经验，让孩子可以事先预习，都可以使他更愿意面对新事物的挑战。

妈妈陪我一起做

虽然孩子可以自己做，但还是希望妈妈陪着做，所以会常说“妈妈帮我”，看看妈妈会不会过来。但是当妈妈不在的时候，就可以很快地自己完成，没有任何的困难。这就是吸引注意力的行为，这时越是去鼓励孩子，反而越会强化孩子不恰当的行为表现，变得更喜欢说“妈妈帮我”。最佳的方式是冷处理，越不理会，孩子反而可以越快完成。等到孩子完成之后，再给予更多的鼓励，才会有最好的效果。

专家爸爸这样教

当孩子觉得自己很厉害，会迫不及待地想尝试新事物，表现出自己最好的一面，并通过反复尝试的过程获得成就感，这是孩子自信心发展的关键。孩子自信心的来源就是父母的态度，当我们对孩子充满肯定，做孩子坚实的后盾，孩子才能没有顾虑地往前走。很多时候，孩子比我们想象的勇敢，胆小的反而是大人，练习放手，将我们的担忧隐藏起来，不要让孩子觉得紧张，孩子自然就不会常常要我们帮忙。

第一阶段　确保百分之百的成功率

孩子对于无法预期的事情，常常会因为紧张而变得依赖。因此，如何协助孩子克服面对新活动的焦虑呢？我们必须确定孩子在参与活动时，可以百分之百地获得成功的经验。通过适当的安排，让孩子在新活动中获得乐趣与成就感，孩子很快就会愿意主动参与新活动了。之后，再逐渐地减少协助，慢慢地孩子要求帮忙的次数也会变少，而更会愿意尝试新的事物了。

第二阶段　具体而明确的赞美

赞美孩子有用吗？这取决于赞美的方式，就像看到一个很胖的人，你硬要说他很苗条，他基本上不会觉得你在赞美他，而会觉得你在讽刺他。因此，赞美要具体、符合事实，并给予中肯的建议，让孩子通过你的引导轻松地变得更出色。相反，过度而不切实际的赞美可能会导致孩子自我膨胀，结果变得眼高手低，一旦遇到真正的失败，反而会出现更强烈的挫折感，进而变得更加退缩。

第三阶段　安排孩子当示范组

在团体活动中，通过给予孩子一个独特的任务，让他可以从中获得成就感。其中，最建议的做法就是让孩子练习当示范组，在活动时可以第一个出发，这对于孩子会是非常有效的奖励。毕竟孩子通常不敢主动要求自己做示范，所以需要爸妈与老师之间通力合作，使其有机会获得示范的机会。通过示范与教导同学的过程让孩子获得成就感，这样会让孩子变得更有自信。

育儿小锦囊

当孩子一直要人帮忙时……

不要立即回答“等一下”，不然孩子就真的会一直停在那里，直到你过来为止。对孩子而言，你说的是“等一下，我会陪你一起做”，所以很自然地孩子就会一动也不动，等着你过来帮忙。但是，你看到的却是孩子在偷懒，所以就开始责备他。为了避免误会发生，请给孩子更明确的指示，如“先把×××做好，我才过去”，这样孩子就会更积极地赶快完成你指定的事情了。

我就是要穿这件

——孩子的权利概念

〔案例〕

随着季节的变化，天气渐渐地变冷，前一天还是艳阳高照的好天气，第二天温度突然就像溜滑梯一样一下子就变得冷风飕飕。早上起来，妈妈就急着叫小惠和小瑜吃早餐，再穿衣服准备出门。但是，当要穿衣服的时候，小瑜却百般地不配合，不论妈妈好说歹说，就是坚持要穿昨天那件薄薄的衣服，怎么都不肯穿外套。明明天气已经变冷了许多，小瑜又是容易感冒的体质，眼看着娃娃车就要到楼下了，偏偏她就是不愿意配合，最后竟然连鞋子也不愿意穿，不仅如此，小嘴巴里还不停地说着：“我不要穿这个！”最后，妈妈只好放弃坚持，将外套塞进小瑜的书包里，急急忙忙地抱着哭闹不休的小瑜，拉着看好戏的小惠下楼赶搭娃娃车了。

孩子为什么会这样

当孩子到3岁半之后，会开始察觉到决定权这件事而有权利概念。加上对颜色、图案等认知能力的发展，孩子渐渐地会开始坚持对衣服的喜好。在4岁时，由于想象与扮演的经验增加，孩子开始对于卡通角色有特定的喜好，也常常会出现指定要穿着有特定图案的服饰，如朵拉的袜子、Hello Kitty的衣服等。这些爱好常伴随孩子长大而出现，并不是孩子故意唱反调，而是孩子想要自己做决定，是掌控自己与环境的一个过渡阶段。只是孩子的技巧还不是很成熟，常常会使用哭闹的方式来达到目的，而出现亲子互动上的冲突。

我要自己选择

当孩子到4岁之后，开始出现个人喜好，想要自己做决定，如果事情是他自己选择的，出于自由意志，往往比较愿意配合。孩子具有独立的人格，会要用决定来证明自己，这并非是在唱反调，而是在争取自己的权利，建议父母这时应适时地放手，不要过度帮孩子做决定。当然基本的原则还是要掌握，大事由父母做主，而日常生活的小事也要给孩子一些自主空间，让他尝试自己做决定，他才会渐渐地成长。

我不觉得冷啊

触觉敏感的孩子在温度变化上的察觉能力相对较弱，所以无法了解冷热差别。首要的重点不是和孩子讲道理，而是用一些小技巧诱导孩子配合，比如说“今天这件Hello Kitty想要和你一起去上幼儿园”“穿上这件粉红点点的衣服给王老师看”，先让孩子配合才是重点。在选择衣服上，重要的是穿脱方便，如果要让孩子保暖，套头的、高领的不是最佳选择，改用围巾或围脖会比较适合。对于一些特别怕热的孩子而言，天气变冷实际上反而是比较舒服的，但他们却不知道自己可能会着凉而感冒，所以坚持不愿意加衣服。如果父母一直想要说服孩子，不穿会很冷，甚至威胁孩子会感冒，孩子不但无法理解，反而会出现情绪的反弹。

我不喜欢新衣服

爸妈常常出于疼爱，即使自己已经好一阵子没有购置新装，但在节日时却还是会帮孩子添购新衣服，想要把宝贝打扮得漂漂亮亮的。虽然新衣服会让孩子觉得很开心，但是有时新衣服的缝线处会让孩子觉得比较硬而感到不舒服，当孩子出现排斥时，容易影响爸妈的情绪，让他们觉得孩子不听话、不配合。这时，可以先将衣服洗上一两次，孩子可能就会愿意穿了，只是这时新衣服就变成旧衣服了。

只是不想出门

不可否认，有些孩子并不是在坚持衣服的挑选，而是不想出门，这又是另一个问题。这时，孩子也会有坚持的行为出现，但并非是衣服上的问题，而是将这个行为作为工具拖延要出门的时间。因此，主要问题并非是穿什么衣服，而是如何顺利地出门，这时请不要在衣服上过度和孩子坚持，而是将准备的时间缩短以减少孩子故意小题大做，让孩子习惯顺利地出门才是首要目标。从起床到出门这短短的时间，是家庭冲突最常发生的时间，通常不是孩子真的特别不配合，而是大人在时间压力下的情绪反应影响所致。在时间压力之下，因为大人容易有情绪，孩子也就较容易出现混乱的情况，建议不要将所有事情都挤在这段时间，一些事情可以在睡前先帮孩子准备好。所以，如果你希望培养孩子自动自发的习惯，请不要选择在出门前的“高峰时刻”。

专家爸爸这样教

我们必须先分辨清楚孩子是在唱反调还是有想法。随着年龄的增加，孩子对于衣服开始出现不同的想法，而会有所坚持。当孩子到三四岁时，会想要模仿喜欢的人或故事人物，通过穿着来表达自我认同。所以，有的小女孩喜欢长纱裙、蝴蝶结，似乎穿戴上这些服饰就会变成小公主；小男孩则开始喜欢穿迷彩装、戴领巾等，想要化身成为超级英雄，这些都是孩子在表达对自己的期许与认同的过程。虽然孩子对于衣服的偏好越来越明显，但是他对于情境的察觉能力依然不够，有时无法配合场合做出适当的选择，所以就会出现与爸妈对立的情况。这时适当地给予孩子选择的权利和选择的机会，让他在经验中修正如何穿着得体，将会是非常重要的。

第一阶段　分辨孩子真实的想法

首先要了解孩子的想法，究竟是固执还是赖皮呢？不妨通过孩子坚持自己选衣服的时间来观察，如果孩子不论任何时间都非常坚持，这往往表明他比较固执。有可能是孩子对于衣服面料有所偏好，毛料可能会让他觉得痒痒的，所以会排斥与抗拒，这时你不要与孩子坚持，因为即使你磨破嘴皮子，孩子还是会觉得穿起来不舒服而抗拒。相反地，如果孩子是想赖在家里而使用拖延战术，这时最简单的方式就是缩短出门的时间，待在门口玄关的时间越久，孩子就会越赖皮，尽快出门是最好的选择。

第二阶段　给予孩子选择的权利

让孩子有两种选择，从中选择一个，让孩子自己做决定，他就会愿意配合。但是必须注意，我们的大脑事实上很懒得做选择，所以如果选项超过五项时，就会因为无法做出决定而出现迟疑的情况。所以，请不要带着孩子在一个大衣柜前面选择自己想要的衣服，那或许是一场灾难的开始。此外，请不要给予当孩子做决定后，会有不良后果的选项。例如，明明外面的气温只有10℃，你却故意拿一件羽绒外套和一件短袖 T 恤给孩子挑选，结果如果孩子选了 T 恤，你真的会让他穿着出门吗？这样的方式不会让孩子变得听话，反而会让他更坚持己见，因为你无意间破坏了孩子对你的信任。

第三阶段　自己准备要穿的衣服

为了让孩子早上可以顺利地出门，应缩短出门前的准备工作，以减少孩子因为做决定而拖延时间的情况。建议在晚餐后或洗澡前，带着孩子一起准备书包、鞋子、袜子、衣服、水壶等，并且放在明显的固定位置，这样一来这时比较没有时间压力，二来也可以尊重孩子选择的权利。通过如同仪式化的固定行为，帮助孩子养成良好的习惯，也可以避免早上要帮他准备东西手忙脚乱的情况。

孩子的自动自发需要父母妥善地安排，带着孩子养成每天做事的习惯。孩子要的很简单，只要你的陪伴与鼓励，而不是在旁边唠叨个不停。在习惯养成之前，请记得一定要在旁边陪伴，不要他才一开始自己做你就急着离开去做其他的事情，当你离开他的视线后，他想要表现的动机就会瞬间消失，自然也就需要更多时间才能养成习惯。

育儿小锦囊

冷得要命还是要穿短袖时……

孩子对于天气变化的察觉还没有很成熟，所以需要两三天才能适应。因此，如果气温突然骤降时，孩子常常没有办法立即明显感觉到，这时就会出现坚持的情况，特别是如果孩子有触觉敏感的情况就会更加明显。因为毛料和高领让他觉得不舒服，这种感觉比天气冷还要强烈，所以孩子在情绪上就会出现抗拒。建议使用洋葱式穿衣法，让孩子多穿几件容易穿脱的衣服，可以最快达到让孩子配合的效果。想想如果孩子很怕热，穿了一件一直脱不掉的高领衣服，在幼儿园玩儿了一会儿就流汗，弄得满脸通红的，也会很不舒服。彼此退让一步，帮孩子将外套放在书包里面，写一张小纸条交给老师就可以解决了。

大人可以打小孩吗
——孩子的不服从与自我控制

〔案例〕

小惠进入幼儿园大班以后，越来越觉得自己是一个“大人”，就连讲话方式也像一个十足的小大人，常常会脱口问出一些妈妈想都没想到的问题。虽然小惠绝大多数的时间都很听话，但是意见却越来越多，也越来越喜欢纠正别人。有一次，当小惠犯错快被妈妈处罚的时候，她不仅不承认自己做错了，还质问妈妈：“妈妈，你明明说过不可以打人！”一副理直气壮的样子，然后自己就走到角落去罚站。看小惠一点儿都没有反省的样子，更是让妈妈觉得生气，也开始担心小惠这样不听大人的话，又喜欢钻漏洞、顶嘴，会不会被老师贴上叛逆的标签呢？

孩子为什么这样做

当孩子到5岁时，随着其语言与认知的发展，已经了解了许多事，并开始有自己的判断能力。但是，也正因为如此，当他面对规范时，就会开始唱反调或讨价还价，甚至想挑战你的耐心极限，越是禁止他做的事，他越要做。这时，孩子会对爸妈给予的规范提出许多的质疑，不再像三四岁时一样乖乖地接受。如果孩子的口齿伶俐，那么家里可就非常热闹了。其中，最常出现的就是“大人可以打小孩吗”。

由于孩子因果关系与推理能力的进步，开始对于规则有更深的了解，也有自己的诠释，但同时也出现了许多的困惑。

妈妈不是说“不可以打人吗”，但是我看到的是妈妈可以打我。

妈妈不是说“说话要有礼貌”，但是我听到的是奶奶大声说我。

妈妈不是说“我已经长大了吗”，但是我常被教训“小孩子不要问”。

妈妈不是说“不听话打屁股吗”，但是我被告知“不可以打妹妹”。

究竟规则是什么呢？为什么对我、对妹妹、对妈妈都是不一样的呢？正因为他的小脑子里浮现出许许多多的问号，所以一定要问出一个所以然才能感到安心，但是表现出来的却是不听话和爱狡辩。其实，孩子只是希望找出一个明确可以执行的规律，这样才能帮助自己开始学习自我控制。

不可以打人吗

5岁正是发展自我控制的关键时期，孩子开始对于规范越来越感兴趣，甚至会开始出现纠正大人的情况。这不是不给爸妈面子，而是孩子觉得大家都应该遵守规则，只是有时候这些规则是孩子自己想象出来的。妈妈不是说不可以打人吗，那么为什么妈妈会打我呢？如果妈妈不遵守规则，应该提醒妈妈，但却常常被认为是在顶嘴反而被处罚。

大人才可以打人吗

对于孩子而言，“大人”是一个很模糊的概念，只要年龄比较大，就是大人了吗？所以，如果我们对孩子说：“大人才可以打小孩。”孩子就会出现疑惑而脱口问：“妹妹是小孩，我可以打妹妹吗？”结果，才问不到两三句就被贴上“不听话”的标签，不免又被骂了一顿。所以应避免使用模糊不清的句子，而应该清楚地对孩子说：“不可以打人，但做错事会被处罚。”

我要把耳朵关起来

当孩子发现规则被破坏了，最初会尝试去提醒别人，不论是手足或同学，甚至会提醒爸妈犯的错误，十足像一个管家婆一样。但是，当孩子发现大家都不遵守时，就会出现另外一个极端，将自己的耳朵关起来，不愿意配合别人的规则。因此，用孩子可以听得懂的话清楚地定义出明确的规则，爸妈亲身的示范与遵守是让孩子愿意乖乖配合的关键。

不要把“打”字挂在嘴边

当孩子一调皮，爸妈就脱口而出：“你再不听话，我就打你。”然而即使孩子再继续做下去，我们也不会真的处罚他。结果不仅没有让孩子变得更听话，反而让他学会将“我就打你”挂在嘴边。可想而知，孩子被抱怨与处罚的机会不但没有减少反而变多了。

请不要将“打”字挂在嘴边，但却从来没有实施，否则只会让孩子认识到一个事实，即可以将爸妈说的话当作耳边风。

专家爸爸这样教

打就是管教孩子吗？还是大人自己在生气呢？可以处罚孩子，但不要一直将“打”字挂在嘴边，更不要在盛怒之下处罚孩子；不要跟孩子说气话，孩子会模仿得很像，而你会更受伤，静下心来再处理，是管教孩子最基本的原则。在美国也没有不可以处罚孩子的规定，当孩子做出超出规矩的事情时，老师会将孩子带到校长室，让校长处理。

带孩子不是顺着孩子，而是给予正确的引导。在孩子还没有决定与分辨能力时，更需要爸妈适时的引导，我们的角色首先是父母，先做好称职的父母之后，才去思考如何当孩子的好朋友。爸妈的角色就如同是孩子人生旅行中的向导，尊重与引导他发现生活中的乐趣，而不是将方向盘交给孩子，让孩子漫无目标地前进。当孩子5岁以后，使用高压式的管教不仅不能达到效果，反而会让孩子更加反弹，建立明确而清楚的规范，让孩子培养出良好的自我控制能力才是最有效的。

第一阶段　改变我们的用词

很多时候，孩子并没有恶意，但却会因用错语言而被处罚。例如，我家的两姐妹有一次在一起玩儿，原本推来推去得很开心，但最后玩儿过头，我看到姐姐压在妹妹的身上，就问："你们在做什么？"没想到姐姐居然很开心地说："我在欺负妹妹。"大人说的话孩子就会学，却不知道应该用在哪里。事实上，姐姐没有真正在欺负妹妹，而只是她们每次推来推去时，总是听到奶奶说："不要欺负妹妹！"所以姐姐也就理所当然地学了起来。在管孩子之前，请先改变自己的习惯用语，不要挖洞给孩子跳，却又怪孩子不贴心。

第二阶段　建立权威不用打

要让孩子听话，绝对不是用处罚或打的方式。难道受到处罚的人，都会变得顺从吗？那么以后不就很容易被欺负吗？其实，爸妈要想在孩子面前树立权威，最重要的就是要让孩子心服口服。试想每次不小心交通违规而收到罚单时，我们都会心服口服吗？还是会觉得很倒霉，或是很生气呢？孩子的想法也一样，处罚或打骂一定没有用，带着孩子一起做事情，通过你的引导让孩子学会新事物，不要将教孩子的工作推给别人，让孩子从心中佩服爸妈是如此厉害，会比你不停地在他旁边唠叨更有实际的效果。

第三阶段　建立明确的规则

教导5岁的孩子时，规则越明确，指令越清楚，孩子就越能遵守与配合。不要觉得孩子在找漏洞，他只是正在通过模仿大人制订规则的方式，学习如何控制自己的行为。全家一起与孩子讨论清楚家庭规范，大人和小孩都要一起遵守，爸妈以身作则，才是培养孩子自我控制的关键。请千万注意一个秘诀，不要期待一口气解决所有的问题，每次不要制订超过三个规则。先让孩子完成并可以遵守这三个规则，当确实达到后，再每个月逐渐加上一两条规则。这个方式看起来好像很慢，但却比不停地耳提面命更有效率。

育儿小锦囊

当孩子故意唱反调时……

不要突然生气地说："闭嘴，就是这样，没有理由！"这样只会让孩子更加的反弹，觉得爸妈根本不讲道理，而让孩子的情绪变得更加暴躁。很多时候，孩子都会据理力争，想要找到合理的解释，只是常常没办法分辨情境是否适合。其实，绝大多数的情况下，我们都可以接受孩子的讨价还价，只是孩子在错误的情境下坚持，容易导致大人的情绪爆发而被处罚。这时，和孩子事先形成一个约定："当妈妈说回家再说时，就要先把嘴巴闭起来。"这样就可以帮助孩子避免被责备的情况。

孩子都叫不动

——孩子的自主性

〔案例〕

小惠上大班以后，变得越来越有主见，也越来越爱说话，但是却常常叫不动。即使是一件很简单的小事情，也得叫上好几分钟后她才愿意动一动。这个周末，爸爸带着全家去风景区游览，可能是因为连续假期的关系，到处都是黑压压的人头，妹妹因为年龄小走得比较慢，所以小惠一下子就冲到前面去了。妈妈着急地在后面大叫："人很多，小惠不要走那么快！"一连叫了好几次，小惠还是自顾自地一直往前冲，最后没办法，爸爸只好赶快往前走去把小惠抓回来。小惠之前还很听话、也很乖巧啊！为什么突然变得叫都叫不动，把妈妈的话当作耳边风呢？难道是她听不清楚，还是出现了什么问题呢？

孩子为什么这样做

孩子总是要叫很多遍，可能的原因有很多，这在不同年龄都可能会发生，最容易让爸妈感到困扰的，其实不是两三岁的小小孩阶段，而是已经听得懂话的五六岁孩子。因为孩子已经可以对答如流，也知道爸妈在说什么，但就是不愿意配合、拖拖拉拉。其实，孩子在5岁半左右，就会渐渐有独立的想法，有时甚至凡事都想要按照自己的规则与方式做，但却过度追求完美，对一点儿小事过于执着。这时，即使爸妈要给予建议，或中断他的计划，也常常会出现不情愿的情况。但孩子已经不会像小时候一般的哭闹，所以只能消极地以假装听不到、故意不愿意配合来表达情绪上的抗拒。这其实是一个过渡阶段，由于孩子想要尝试自己的能力，想知道自己是否可以控制身边的一切，但有时能成功，有时却依然需要依靠爸妈，这是一个在反复过程中寻找平衡点的历程。

不要一直喊“狼来了”

带孩子一定要放轻松，不要紧张与担心，更不要将声音提高八度说话，提醒孩子要小心、要注意。越是经常提醒孩子要小心，担心孩子会受伤，却又忽略孩子的能力，就越容易让孩子觉得这又没有什么，妈妈总是大惊小怪的。所以，当你再将声音提高八度说话时，孩子也就不会太在意。结果等到真正有紧急情况时，你再怎么大声叫孩子也不听，反而容易导致意外发生。

听到了，但没有听清楚

有时孩子知道妈妈在说话，但是因为妈妈说得太快又太长了，孩子听不懂就会觉得："那不如等妈妈过来再说吧，反正做错也是会被骂！"当我们在给予孩子指令时，一定要非常的清楚，确定孩子可以听得懂，句子越简短，越使用肯定句，孩子越容易配合。因为我们都习惯在强调事情的重要性时，使用否定句来加强重要性，如"等一下，不要再把书包放在地上"，结果孩子只听清楚后面二分之一，可想而知，孩子又得挨骂了。

妈妈说话不算话

"明明就是你让我做的，为什么又骂我，下次我不听了！"为何孩子会出现这样的困扰呢？主要是因为不能理解反问语气造成的。例如如果说："你再说啊！"到底是该说话，还是不说话呢？

反问语气代表刻意加重语气，让你做相反的事情，也就是说"你再说啊"这时加上重音与表情，就是"不准说话"的意思。

但是，孩子常常被字面的意思所迷惑，误认为爸妈说话不算话，而觉得委屈、闹别扭。必须在这里提醒爸妈，这不是孩子不听话，而是孩子要在7岁之后才能渐渐了解反问语气的含义。

我已经长大了

5岁以上的孩子会开始有自己的想法，想尝试用自己的方法做事情，想要看看自己是不是很厉害。这时，孩子不再像4岁时凡事都需要别人教才敢尝试，而会开始喜欢自己设计、组织出一个新游戏，在玩玩具时也喜欢将所有的玩具凑在一起玩儿。当然，这时也会有小小的冲突出现，当爸妈想要指导他时，他就会出现小小的抗拒，自然很容易被爸妈当作不听话。

专家爸爸这样教

你有多久没有听广播了呢？记得在小时候，我常常会听广播节目，特别是流行金曲排行榜。相对而言，现在的孩子常常暴露在大量的视觉刺激当中，不论是电视、平板电脑、计算机，都让孩子越来越习惯使用视觉来学习，也越来越少使用耳朵，所以现在的孩子普遍在听觉辨识上比较弱，当家长说话时，就容易搞不清楚状况。正因为如此，当爸妈要求孩子配合时，指令简短而明确就显得非常重要。

如果同一件事情，要反复说上四五遍孩子才会开始行动，这样很容易引起大人的情绪，也容易被贴上“不听话”的标签。当孩子叫不动时，我们必须仔细观察，判断孩子究竟是听不懂、搞不清、不理人中的哪一种。很多时候，孩子之所以叫不听、当耳边风，最主要的原因就是我们帮孩子做得太多了。即使孩子最后不行动，我们还是会帮他做好，结果却养成了孩子赖皮的习惯。

第一阶段　和孩子处在同一个高度

4岁以前的孩子，对于周边环境变化的察觉能力有限，在听觉定位上还不够熟练，因此常常会搞不清楚到底说话的人站在哪里。既然孩子连是谁在说话都搞不清楚，又哪有可能听清楚你说的内容呢？如果刚好电视正在播放动画片，那么孩子可能真的连听都没听到，更不用说配合了。记得和孩子说话时要面对面，不要站在他的后面耳提面命，却又把自己气得要命，请蹲下身子，尊重孩子的感受，让两个人的眼睛在同一个高度，让孩子可以清楚地看到你的嘴巴、听到你说的话。这不但表示尊重，他也才会心甘情愿地配合，不论是大人或小孩都是如此。

第二阶段　不说自己做不到的事

改变大人远比改变孩子来得容易，要想让孩子听话，最需要改变的就是我们说话的方式。说到做到是最重要的关键，当给予孩子指令，和孩子说话时，说到就要做到，千万不要说气话。例如，正要出门时，孩子就是拖拖拉拉不配合，我们常常会语带威胁地说，“如果你再不穿鞋子……就自己留在家里！”但是，你真的会让他一个人留在家里吗？基本上不可能，所以请不要说自己做不到的事情，那不仅没有解决问题，反而会让孩子觉得你说的话不重要，当作耳边风。

第三阶段　给孩子做决定的机会

当孩子5岁时，已经熟悉与学会运用自己的身体，并具备了良好的动作计划能力，也开始进入发展问题解决能力的关键时期。这时，孩子开始想要尝试自己做计划，并且尝试解决问题。所以，孩子会不太想要听你的建议，这不是叛逆、不听话，而是希望有自己计划的机会。这时，请在安全的情况下，给孩子自己做决定与计划的机会，并且让孩子自己承担结果。但请记得，当孩子在计划进行到一半卡住而寻求协助时，千万不要刻意拒绝孩子，而是耐心地提供建议。适时地给予孩子睿智的建议，当孩子成功以后就会更愿意听从你的建议了，也就会更听话了。

育儿小锦囊

当孩子躲在房间不理人时……

当孩子不想理人，故意将自己关在房间里，这时千万不要语带威胁地说：“你给我出来！”这会让孩子更加焦虑，而不愿意出来。孩子将自己关在房间里，往往是因为他面临情绪冲突，但又不敢乱发脾气所导致的。先确定房间是否安全，如果是安全的，请让孩子暂时拥有自己的空间、自己安静一下，等到孩子情绪稳定后，他就会自己出来了。当孩子情绪平稳之后，不妨和孩子订一个附带条件，可以让他在房间里待一会儿，但是不能将门锁起来。

不好玩儿！我不玩儿了
——孩子的挫折忍受力

〔案例〕

5岁的小惠越来越像一个小大人，也越来越像一个小管家，对于所有的事都会提出意见，还想决定晚上要吃什么，也会要求妹妹要做什么事情，一副自信十足的架势。一天，大伯一家到家里拜访，堂哥和堂姐也一起来了，小惠超级开心，一直蹦蹦跳跳地想要和哥哥姐姐一起玩儿。小惠吵着要玩跳棋，要大家陪她一起玩儿，还自信满满地说明规则，要堂哥和堂姐一起听。没想到才玩儿不到5分钟，就听到小惠大叫一声："我不玩儿了！"然后就莫名其妙地大哭了起来。妈妈赶快跑出来看到底发生了什么事情，原来是堂哥快要赢了。奇怪，不是前面还玩儿得好好的，为什么会突然大哭起来呢？会不会是小惠输不起，如果这样以后同学一定不会愿意和她玩儿，这样人际关系一定会很不好，怎么办呢？

孩子为什么会这样

挫折忍受度也就是孩子可以面对失败、难过、创伤，并且从中恢复的一种内在能力。当孩子4岁时，因为正处在发展权力的阶段，会尝试去掌控所有的情况。然而，当权力突然消失时，就会感到失落、沮丧，易导致情绪出现波动。这时，无论怎么和孩子说要越挫越勇，还是不能安慰孩子失望的感受。其实，爸妈不需要担心，孩子只是还需要多一点儿时间与经验，才能开窍及掌握重点。因为孩子往往只能察觉到自己的感受，还无法察觉到别人的感受，所以才会出现破坏游戏的情况。这些都是发展的过渡阶段，需要等到孩子5岁之后，随着自我控制能力开始发展，学习控制、压抑自己的欲望，并学会察觉别人的感受后，才能控制自己的情绪，进而发展出良好的挫折忍受度。

输了不可以哭吗

对于一直努力表现出最好的孩子，输了就像突然被打了一巴掌，出乎他的意料之外，而感到十分失望和难过。正因为自己很努力，所以失落的感受才会更加沉重，由于情绪剧烈地波动，哭泣就成为孩子最好的宣泄途径了。请不要用威胁的口气对孩子说“不可以哭”，更不要数落孩子“羞羞脸，输了还哭”。输了的确可以有情绪，也能表现出难过，但是不可以因生气而破坏游戏。

输不起就破坏游戏吗

当游戏进行时，孩子开始察觉到自己好像快输了，这时孩子心头浮现出一个问题："再玩儿下去，我就会输了。"所以孩子需要选择一个解决方式来处理这样的困境。于是他会想到"不要继续玩儿下去，我就不会输了"而出现逃避或中断游戏的状况，来避免让自己变成失败者。所以孩子有时会出现破坏游戏的情况，不是孩子个性不好，只是孩子解决问题的能力有限，选择了不适合的方式而已。当孩子希望游戏可以暂停时，可以教他使用一个"通关密码"，并且尊重孩子的决定，这样就可以减少他破坏游戏的情形了。

越挫才会越勇吗

与大人想象的不同，挫折忍受力的培养不是给孩子大量的失败经验就可以了，如果孩子一直"失败"而没有"成功"，反而会让孩子变得非常消极，对所有的事情都失去兴趣。不论做什么事，都不可能会赢，那么为什么还要努力去参加比赛呢？所以，和孩子一起玩儿的时候，不要故意非要赢孩子，否则不但不能提高孩子克服挫折的能力，反而会变得凡事都没有积极性。

妈妈，我很棒吗

挫折忍受度的关键是自信心，就是知道自己哪里好，所以才能更有勇气去面对失败。相反地，过度严格地教导孩子，让孩子承受过多压力，反而会让孩子觉得自己凡事不如人，又怎么会愿意尝试挑战呢？孩子的自信心不是天生具备的，而是靠父母在每天的生活互动中给予的。许多输不起的孩子往往对于自己的评价不高，觉得自己什么都做不好，所以更无法面对失败的打击。不要吝啬赞美孩子的优点，只要你是根据事实，绝对不会让孩子变得骄傲。

不要当“直升机”父母

千万不要像直升机一直盘旋在孩子身边，担心孩子会不会受伤、失败、受欺负。在成长过程中，孩子不可能一路上都没有跌倒，没有碰到过任何失败，这是不能避免的事情。爸妈的角色应该是在孩子失败后，安慰孩子、鼓励孩子，当孩子最强的后盾，而不是站在孩子前面“挡子弹”。保护孩子是父母的天性，但是要能控制自己的冲动，才能让孩子发展出健全的人格。

专家爸爸这样教

“草莓族”“妈宝”这些新奇的流行语，也都传达了一个信息，就是现在孩子的挫折忍受力比较弱。现在孩子生得少，每个孩子都是家里的宝贝。在无微不至的照顾下，孩子所面临的挑战越来越少，无形中也导致孩子对于失败的免疫力不足。但真的要给孩子更多的挫折，不给其任何的协助吗？这也不正确，孩子在5岁前，如果给予过多的挫折，反而会导致他日后变得被动而没有动机；没有任何一个人喜欢输给别人，因此不要期望孩子可以一开始就不怕失败。陪伴孩子一起面对失败的难过与沮丧，教导孩子如何从难过中重新站起来。有我们的陪伴，孩子就会越来越坚强，进而可以面对困难的挑战。

第一阶段　我是某人

在哈佛大学针对挫折忍受力的研究中，发现被调查的人拥有共同的特质，就是拥有稳固的人际关系，拥有爱与被爱的经验。因此，当父母在让小孩体验挫折之前，应该先让孩子知道自己是受重视与疼爱的，而不是急着让他体验更多挫折。被重视、被需要的孩子自然也会变得更有信心，可以承受失败带来的打击。帮孩子创造一个被需要的角色，让孩子在生活中有独特的位置，不论是负责照顾小狗还是分配点心，都是非常有用的。当孩子了解到自己是重要的，自然也就会更有自信与动机了。

第二阶段　引导孩子玩规则性游戏

孩子5岁以后，就可以引导孩子玩规则性游戏，让孩子自己在游戏的过程中发现，如果自己拿到很好的牌，但别人却因为怕失败而不玩儿时，会出现哪种情况，让他尝试接受成功与失败，通过游戏来练习挫折忍受度。当了解了别人与自己的感受后，孩子就会愿意忍耐暂时失败的不愉快，而坚持陪着同伴一起玩儿到结束为止。选择游戏时，一定要有三人以上一起玩儿，并且不要让孩子变成最后一名，不然孩子很快就会不想玩儿了。

第三阶段　让孩子面对挫折

凡事都被爸妈搞定了，做与不做又有什么差别呢？反正一点儿成就感也没有，孩子不仅会变得没有主见，且会常常将“好无聊”挂在嘴边。在安全的前提下，给孩子提供练习面对新挑战的机会，在这个过程中，难免会有失败和挫折，当然也有突破的喜悦。通过反复的练习，孩子才会渐渐地长大、茁壮。我们要做的不是帮孩子避免失败，而是适时地提供支持与陪伴；不是帮孩子寻找借口，而是提供引导与帮助。

育儿小锦囊

当孩子输了就大哭大闹时……

千万不要用威胁的语气说“输了还敢哭”，更不要用嘲笑的语气说“羞羞脸，输了还哭”。这只会让孩子觉得被你拒绝，而感到更加难过。就是因为孩子投入很多，才会很在意输赢，失败后才会觉得很难受与失望。这时，你要做的应该是认同孩子的感受，轻柔地说一句“妈妈知道你很伤心，擦干眼泪就好了”。帮孩子了解自己的感受，带着孩子一起找出解决问题的方法，孩子就会很快克服这个关卡，勇敢地面对下一次新的挑战。

我就是要说不好听的话

——孩子的模仿与判断

〔案例〕

小毅是小惠在大班的同班同学，小毅长得非常可爱，也非常活泼、开朗，记得在中班时，每次看到他都笑眯眯的，也很有礼貌地问好。但是，一天妈妈去接小惠的时候，小毅却一直对着同学说："哈哈哈！吃大便啦！"妈妈和小毅妈妈之前碰过好几次面，印象中小毅的爸妈有礼貌，说话都是轻声细语的，小毅今天的行为真的很让妈妈感到诧异。毕竟是别人家的孩子，加上老师也没有制止，也就不能表示什么。妈妈只好先牵着小惠离开，在路上对小惠说："不可以学小毅乱说话哦！"到家了，小惠也很正常地放好自己的书包，洗好手后就要准备吃饭了。妈妈很顺口地问："小惠想要吃什么？"没想到小惠居然想也没想地回答："吃大便啦！"这句话真的快让妈妈晕倒了，不是已经和小惠说了，为什么她还会学呢？这样以后会不会很容易被带坏呢？

孩子为什么会这样

孩子的童言童语，有时候会让爸妈觉得很有趣，但有时也会让爸妈觉得很尴尬，特别是当孩子有时会反复地说不好听的话。其实，爸妈不需要特别担心，也不需要过度焦虑，这并非是孩子学坏了，而是孩子善于模仿，但却不善于判断所导致的。心理学的心智理论指出，当孩子在0～3岁时，往往只独善其身，但却不能察觉别人的感受；在4岁以后，才开始尝试去了解自己和别人想法之间的差异，并且猜测他人的行为动机与模式。因此，如果孩子在4岁后，开始喜欢说不好听的话时，爸妈就要仔细地去观察孩子为何会如此，并且帮孩子改正这个不良的习惯。

这句话好新鲜

语言学习是一个非常复杂的过程，然而孩子在语言学习上却比大人拥有更高的天赋，如同海绵一般的吸收，特别是对于新奇而有韵律的文字，会更有兴趣。这个也就是孩子为何可以快速地吸收与学习语言的秘密，但是有时却也导致孩子错误地迷恋一些很少听到却有强烈声调变化的“脏话”。其实，在3岁之前，孩子往往只是出于好奇心，但却不明白字句所代表的含义。

大家都好开心啊

“我每次说：‘屁股’‘大便’‘吃屎’的时候，班上的同学都笑得好开心啊！我也觉得自己好棒哦！也很开心啊！”其实，孩子不知道这些字句所代表的含义，只是很单纯地觉得可以让其他人开心，因为这样的误解，孩子以为说这些话是好的，所以就越来越常说了。对孩子而言，即使爸妈纠正，这是不可以说出的、会引起别人生气的话，但是孩子生活中的同伴经验却并非如此，因为孩子的朋友都没有人会生气，所以他也就不会认错。

叫妈妈她都不理我

有时候孩子会发现，当叫妈妈的时候，妈妈都会一直在忙自己的事情，但是只要孩子说几个特别的字，妈妈就会突然跑过来，真的是太好用了。有时候，我们会不经意地去强化孩子的习惯，让孩子将这些话挂在嘴边。当孩子不经意地说出来时，不论是觉得很好笑而开心大笑，或是突然地皱起眉头盯着孩子看，都很容易让孩子误以为你是在和他玩游戏。就像玩具一样，按一次按钮就会引来许多不同的反应，唯一的差别就是一个用手指，一个用嘴巴而已，难怪孩子会乐此不疲。

不能动手，就能动口吗

“妹妹总是抢我的东西，我想要处罚他，所以我只要说‘丑八怪’，她就会被气哭了，我真的没有动手哦！”当孩子4岁后，这样的情况会变得很频繁，这时孩子开始了解别人的想法与自己不同，并且尝试去预测对方的动机与行为，必须通过一次一次的实验，找出对方行为的规律性。因此，当他和兄弟姐妹争吵不休，很生气却不能动手时，就会故意说一句关键句，他明明知道这个字句会挑起战火让对方哭闹，但却可以满足其不可以动手的冲动。面对这种状况时，虽然孩子没有说脏话，也没有动手攻击别人，但爸妈仍需要纠正，以免孩子养成不良的习惯。

专家爸爸这样教

当孩子第一次说脏话的时候，绝大多数的爸妈都是出乎意料的，满脑子的疑惑都是："这是从哪里学来的，在家里都没有说过任何一句脏话，也非常小心翼翼地帮孩子避免了，到底是为什么呢？"不过，爸妈若是认真地问起孩子，这些话是什么意思，他却不一定答得上来，特别是对于3岁以前的孩子更是如此。而当孩子4岁之后，他会突然发现这句话虽然短短的，但居然可以让别人有很强烈的反应，不论是让人大笑或生气，都会让孩子感觉到可以操纵别人情绪的权力因而乐此不疲。挑起你的情绪才是重点，让你可以响应才是重点，过度强烈的响应反而会得到相反的结果。

第一阶段　冷静处理不生气

当孩子第一次说脏话时，最好的方式是使用忽略法，以减少孩子说的频率，通常在两周后孩子就会渐渐地淡忘掉了。一而再、再而三地叮咛不可以说，但是自己反而又复述了一遍，无疑会加深孩子的印象。对于孩子而言，如果一句话就可以逗得大人挤眉弄眼，他不但不会觉得愧疚，反而会觉得有趣，所以会越讲越多。严格的处罚反而会让孩子的印象更为深刻，更难忘记这句不好听的话，而得到反效果。

第二阶段　减少接触的机会

随着网络、电视的流行，孩子学习与模仿的对象也越来越多，爸妈更难掌控孩子模仿的对象，所以当孩子说脏话时，找到来源并且减少接触，远比责备孩子更加重要。孩子虽然会模仿，但常常无法分辨情境（情境判断要到9岁时才会成熟），帮孩子避免不好的媒体与环境，就是爸妈非常重要的工作了。其实，我们常常忽略了一个重点，那就是动画节目中常常会出现一些字句，虽然不能算是脏话，但是却也不好听，如“脑子坏掉了”“让你倒大霉”……但是却被包装成为笑点传递给孩子，因为孩子不会分辨，而不知不觉地模仿起来。如果此时孩子的模仿能力越强，这个优点反而变成了缺点，他莫名其妙地变成了让人讨厌的孩子。

第三阶段　教导孩子分辨场合

不好听的话应该分为两种，一种是具有侮辱性的、敌意的；一种是无伤大雅的流行语。前者确实必须清楚地告知孩子不可以使用，并且严格限制。但是，在孩子小小的社交圈里，常常会流传一些粗俗的流行语，这些话说出来也会让大人眉头一皱。这时，如果严厉地禁止，孩子会觉得不服气，因为同学们都这样讲啊！这时，必须教导孩子分辨情境上的差异性，在朋友间说可能表示一种亲密，而不会冒犯别人；但是，当着大人的面或在家里就不可以说，通过帮助孩子练习分辨情境，才能让孩子更了解社会规范的界线，孩子也就会愿意配合了。

育儿小锦囊

当孩子生气地骂脏话时……

爸妈千万不要跟着生气说：“你刚刚说什么？你再说一次试试看！”当孩子处在情绪当中时，常常无法察觉你的话后面的意思，只听到“再说一次”，最后的状况通常是孩子真的再说一次，然后亲子都下不了台，反而使冲突加剧。爸妈不要随着孩子的话有情绪起伏，应将说话的声音放小、速度放慢地说：“小声点儿，我知道你生气了。”先让孩子冷静下来，而不是急着让孩子认错。要让孩子道歉也要等他情绪平稳后，而不是在气头上。